Markgräflerland

Erich Spiegelhalter
Dorothee Philipp

Kehrer Verlag
Freiburg

Dicker Winternebel bedeckt das Münstertal. Die Inversionswetterlage ermöglicht gute Fernsicht von den Gipfeln des Schwarzwaldes wie hier den Blick vom Belchen. Das frühe Morgenlicht malt zauberhafte Farben am Himmel.

Inhalt

Wo beginnt das Markgräflerland?

„Markgrafenland" nennt Meyers Konversationslexikon aus dem Jahr 1896 die „Gegend im südwestlichen Teil des Schwarzwaldes, in Baden" und fügt hinzu: „Bekannt durch ihren ausgezeichneten Weinbau (Markgräfler)". Knapp 80 Jahre später ist daraus in einer neueren Ausgabe des gleichen Nachschlagewerks das „Markgräfler Land" geworden, die mehr geologische Umschreibung wird durch ein Bild von Sankt Ulrich bei Bollschweil illustriert. Nun gibt es Lokalpatrioten, die darauf bestehen, daß das „Markgräflerland", wie es heute im allgemeinen geschrieben wird, den Neumagen, der durch die Fauststadt Staufen fließt, als nördliche Grenze hat. Fragt man aber die selben Leute, wie weit es denn nach Süden reicht, dieses Land, dem René Schickele die schöne Nebenbezeichnung „Toskana Deutschlands" verschafft hat, dann können sie es auch nicht so genau sagen. Die Bewohner des unteren Wiesentales verstehen sich selbstverständlich auch als Markgräfler, Schopfheim nennt sich „die Markgrafenstadt". Die Geologen beziehen auch den Dinkelberg noch mit ins Markgräflerland ein. Jeder hat seine Argumente.

Die Herren von damals

Die Markgrafen sind lange tot, seit 1503 waren sie die Herren über ein Gebiet, das alles andere als ein geschlossenes Gebilde war. Ihre Herkunft leiteten sie von den mächtigen Zähringern ab, die zeitweise die Kaiser des Heiligen Römischen Reiches Deutscher Nation das Fürchten lehrten. Die penible Abgrenzung des markgräflichen Hoheitsgebiets, dessen Urzelle um die heutige Ruine Sausenburg bei Kandern lag, hatte vor allem den Zweck, die Besitzungen von den österreichischen und baslerischen zu unterscheiden, die auf die politische Landkarte der vergangenen Jahrhunderte einen buntscheckigen Flickenteppich an Kleinterritorien zauberten. Erst die Neuordnung der Länder auf das Geheiß des politischen Genies Napoleon verlieh dem Gebiet übersichtliche und zusammenhängende Strukturen.

Als österreichische Enklaven ins markgräfliche Territorium eingebettet waren die Orte Neuenburg, Liel, Bellingen und Rheinweiler. Zum Bistum Basel gehörten Schliengen, Mauchen, Steinenstadt, Istein und Huttingen. Oberhalb des letztgenannten Dorfes steht an der sogenannten „Römerstraße" noch ein sehr schöner Grenzstein aus dem Jahr 1770 mit dem Baslerstab im Wappen.

Im Zeitalter des zusammenwachsenden Europa hat es einen besonderen Reiz, wenn man sich die Kleinräumigkeit und die heftigen Konkurrenzkämpfe dieser Pseudo-Staatsgebilde einmal vergegenwärtigt.

Der Gutedel als Charaktermerkmal einer Landschaft

Wenn man es sich ganz einfach machen möchte, nimmt man einmal an, das Markgräflerland ist überall dort, wo der „Markgräfler" wächst, jener Wein, der als „Gutedel" gern getrunken wird und den es sonst nirgends in dieser Art gibt. Wahrscheinlich wird er nie die allerhöchsten Sprossen auf der Leiter der Weinehren erklimmen wie seine großen Kollegen, beispielsweise der Burgunder oder der Riesling. Trotzdem sollte man sich davor hüten, zu sagen, er habe kein Temperament, keine Rasse. Jung muß man ihn trinken, wenn man Glück hat, bekommt man ihn kühl und grüngolden funkelnd aus dem Faß ausgeschenkt, ein geradliniger Wein, ohne primitiv zu sein, überzeugend durch seine Schlichtheit. Ganze Bücher ließen sich mit dem Thema des „Markgräfler" füllen, doch noch besser, als sie zu lesen, ist, die Göttergabe zu probieren, die in diesem Landstrich gedeiht. Dann kommt man auch in den Genuß, die freundlichen Menschen kennenzulernen, die sich rund ums Jahr darum mühen, die Winzer, die Kellermeister und Gastwirte, die es verstehen, eines der höchsten Güter der Markgräfler Landschaft in ansprechendem und gemütlichem Rahmen zu präsentieren.

Der Gutedel gedeiht südlich der Tore Freiburgs, am Schönberg und Batzenberg. Sein Bereich zieht sich dann bis hinauf zum Rheinknie, wo die Haltinger Stiege und der Weiler Schlipf den Reigen beenden. Dazwischen finden sich so verlokkende Namen wie Staufener Schloßberg, Laufener Altenberg oder Britzinger Sonnhole, Badenweiler Römerberg und Müllheimer Reggenhag. Inbegriff des „Markgräflers" ist natürlich der Auggener Schäf. Dieses Wort übersetzt mancher Weinfreund schlicht mit „Gutedel", obwohl die Auggener Winzer noch eine ganze Palette anderer Weine unter der Lage „Schäf" anzubieten haben.

Ein Berg wie ein König

Ein weiteres „Markenzeichen" des Markgräflerlandes ist der Blauen, der südlichste der hohen Schwarzwaldberge. Die Freunde klassisch schöner Landschaften, zu denen das Markgräflerland zweifellos zählt, könnten sich vielleicht darauf einigen, daß das Markgräflerland überall dort ist, wo man den Blauen noch als landschaftsprägendes Element empfindet, obwohl es Leute geben soll, die behaupten, den schönsten Blick auf den Hausberg der Markgräfler habe man vom Basler Münsterplatz aus an einem Abend im Hochsommer, wenn ein später Sonnenuntergang das Land in rosagoldenes Licht taucht. Mit seiner ebenmäßigen Form, seinem in sanften Wellen ausschwingenden Gewand hat der Berg etwas wahrhaft Königliches, ohne die grimmige Wuchtigkeit des Belchen, ohne die gefährlichen Abstürze des Schauinsland oder die heimliche Verborgenheit des Feldberg, der nur an seiner kahlen Kuppe als Höchster zu erkennen ist. Nie ist jemand auf die Idee gekommen, dem Blauen anzudichten, er sei der Treffpunkt von Hexen und Teufeln wie der oft nebelverhangene Kandel mit seinen Schrunden und Rinnen, die selbst die Einheimischen lange nicht zu erkunden wagten. Frei steht er, in seiner Form geradezu klassischen Idealen entsprechend, in die Falten seines Gewandes schmiegen sich Bilderbuchdörfer, Burgen und Schlösser, unter denen Bürgeln mit seiner Rokoko-Heiterkeit sicher das schönste ist.

Der Blauen hat seinen Namen nicht zu Unrecht, seine Farbe ist Blau, ätherisch durchsichtig im Herbst, wenn die Nebel das Rheintal zudecken, leuchtend mit scharf gezeichneten Konturen am frühen Morgen eines Sommertags, schwärzlich, wenn ein Gewitter aufzieht. Selbst in einer Vollmondnacht ist der Blauen noch blau, zart und durchscheinend wie ein kostbarer alter Stoff. Es wundert nicht, daß viele Heimatfreunde protestierten, als „ihrem" Hausberg in den frühen 80er Jahren die zweifelhafte Ehre einer Krönung durch den alle Bäume und den alten Aussichtsturm um Längen überragenden Fernmeldeturm zuteil wurde. Seither hat der wunderschöne Berg einen weithin sichtbaren Dorn auf seiner Spitze wie viele andere Schwarzwaldberge. Dafür kann man in den Tälern ungestörter Rundfunk hören und fernsehen.

Verplanter Raum

„Aufgabe der Raumplanung ist es, die unterschiedlichsten und häufig gegensätzlichen Raumnutzungsansprüche miteinander zu koordinieren sowie Leitbilder künftiger und erwünschter Raumstrukturen zu entwerfen ..." So umreißt eine wissenschaftliche Abhandlung die Aufgabe der Regionalplaner. Gerade eine von allen möglichen Faktoren derart begünstigte Landschaft wie das Markgräflerland hat eine solche Planung nötiger als viele andere. Die Aufgabe der Regionalplanung in Baden-Württemberg wurde an zwölf Regionalverbände delegiert. Das Kuriose ist nun, daß das Markgräflerland, wie es oben umschrieben wurde, fast genau in der Mitte eine Art politischen „Äquator" aufweist, der entlang der Grenze der Landkreise Lörrach und Breisgau-Hochschwarzwald verläuft. Der nördliche Teil gehört zur Region „Südlicher Oberrhein", der südliche zum Bereich „Hochrhein-Bodensee". Diejenigen, die in der Zeit der baden-württembergischen Verwaltungsreform bestrebt waren, den gesamten Raum zwischen Freiburg

Alter Grenzstein mit dem Zeichen des Baslerstabs bei Huttingen.

und Lörrach unter einen gemeinsamen planerischen Hut zu bringen, konnten sich nicht durchsetzen gegen jene politischen Kräfte, die sich von einer einheitlichen Planung entlang des Hochrheins eine bessere Wahrung ihrer Interessen versprachen. Die Regionalpläne in beiden Räumen werden jährlich fortgeschrieben.

Grüne Streifen

Der Unterschied der beiden raumplanerischen Gebilde macht sich unter anderem in der Behandlung der sogenannten „Grünzüge" und „Grünzäsuren" sowie der „Schutzbedürftigen Bereiche" für Naturschutz oder Wasserwirtschaft bemerkbar. Während der Regionalplan Südlicher Oberrhein eindeutige Grenzen der Bereiche vorsieht, die nicht bebaut werden dürfen, überdecken die „Grünzüge" im Regionalplan Hochrhein-Bodensee auch ganze Gemarkungen. Hier sind Konflikte mit den Expansionsplänen der Gemeinden vorprogrammiert. Daß der Boden allmählich knapp wird, wenn allzuviele Interessenten ihn beanspruchen, beweist der an und für sich eher komische Begriff der „Grünzäsur". Dieses an den Schreibtischen der Planer ersonnene Gebilde soll verhindern, daß die Ortschaften allmählich zusammenwachsen. Das Markgräflerland, ein Monopoly-Spielbrett der hübschen Industrie- und Gewerbegebiete, der intensiven Landwirtschaft, der säuberlich geplanten und begrenzten Grünstreifen und der durch Dorfverschönerungswettbewerbe museumsreif hergerichteten Dörfer? Der Gedanke ist im Zeitalter von Disneyland und Freizeitparks als Abbilder des „richtigen" Lebens gar nicht so abwegig.

Und gegenüber, auf der elsässischen Seite des Rheins wächst, ganz und gar nicht abgestimmt auf ein wie auch immer geartetes übergreifendes raumplanerisches Konzept, ein Industriegebiet, dessen Investoren die niedrigen Grundstückspreise und geringen Umweltschutzauflagen nutzen. Chalampé und Fessenheim waren der Anfang einer Entwicklung, die in jüngster Zeit im Streit um die geplanten Fabriken in Marckolsheim (Zitronensäure) und Hombourg (Flachglas) gipfelten. Im Zeitalter des Binnenmarktes wird hier besonders schmerzlich klar, wie weit Europa noch ist.

Eine lange Entstehungsgeschichte

In dem Moment, in dem sich der Rhein entschloß, nicht mehr durch die burgundische Pforte, sondern in Richtung Nordsee zu fließen, war die Entstehungsgeschichte des Landstrichs, der sich heute Markgräflerland nennt, schon weit fortgeschritten. Die Einsenkung des Oberrheingrabens und die gleichzeitige Hebung der Randzonen des heutigen Schwarzwalds und der Vogesen hatte schon viel viel früher begonnen, nämlich vor 60 Millionen Jahren. Durch die mächtigen Kräfte, die auf die Verwerfungszonen einwirkten, entstand eine Vielzahl von Brüchen und Schollen, die Geologen unter der lieblichen Decke der Landschaft nachweisen können. Obwohl die oberrheinische Tiefebene auf den Reliefkarten einen sehr übersichtlich und klar strukturierten Eindruck macht – rechts ein Gebirge, links ein Gebirge, in der Mitte der Fluß – ist ihr Untergrund ein kompliziertes System von Schichten aus den verschiedensten Erdzeitaltern, denen man selbst auf den Schemazeichnungen der Wissenschaftler die hochdramatische Art ihrer Entstehung noch ansieht. Erkaltete Tuffschlote bei Müllheim, Feuerbach und am Schönberg zeugen von einer „heißen" Phase vulkanischer Tätigkeit, bei der die Massen flüssigen Gesteins brodelnd zur Erdoberfläche drängten. Das Mosaik der unter hohem Druck geborstenen und zusammengeschobenen Schollen ist an manchen Stellen des Markgräflerlandes noch zu erahnen. Beispielsweise am Kastelberg bei Ballrechten-Dottingen, der durch seine kuppelartige Form auch dem geologisch weniger Interessierten auffällt, stehen die Schichten aus Lias, Keuper und Gneis fast senkrecht wie von einer riesigen Faust zusammengeschoben. Auch am Staufener Schloßberg läßt sich eine solche aufgestellte Lagerung der Gesteinsschichten ausmachen. Zwischen Bamlach und Mappach ist eine südöstlich verlaufende Grabenstruktur ausgebildet, der sogenannte „Bamlacher Graben", der nach den Darstellungen des Freiburger Geologen Kurt Sauer durch seinen nach Südosten zunächst absinkenden und dann zur Schwarzwaldverwerfung wieder steil ansteigenden Verlauf, als Thermalwasserbehälter für die Bad Bellinger Therme funktioniert.

Die ständige Absenkung des Oberrheingrabens führte dazu, daß sich darin Sedimente ablagerten, unvorstellbar langsam für uns, wenn man bedenkt, daß die Geschwindigkeit der Absenkung ein bis zwei Zentimeter in hundert Jahren betrug. Der „Kalimandscharo" bei Buggingen, jene bizarre Abraumhalde des ehemaligen Kalibergwerks ist ein unübersehbarer Zeuge dieser Sedimentation, denn neben Gips, Kalk und Mergel lagerte sich auch Salz im Oberrheingraben ab.

Ein „gar erschrockenlicher Erdbidem" ereignete sich nach den Worten des Chronisten Johann Stumpf „am St. Luz tag 10. oktober (1356) umb vesper zeyt" und kurz darauf „umb die 10. stund der nacht kam er noch größer..." – das große Erdbeben, das die Stadt Basel zu einem Scherbenhaufen machte, war eine Folge des oberrheinischen Grabenbruchs. „Es zerfiel in söllichem erschüttem das Münster zum teil mit dem chor und Fronaltar, deßgleychen die

Eine herbstliche Farbenpalette rahmt die Ortschaft Feldberg ein.

Frühling und Herbst sind die schönsten Jahreszeiten zum Wandern und Spazierengehen im Markgräflerland.

Im Hintergrund Rheinebene und Vogesen. Auf den Rebhängen gedeihen die Weine der berühmten Mauchener Lagen.

schön und loblich statt Basel verfiel gar übel, an kirchen, rinkmauern und thürmen. In solichem eynfall verdurbend bey 1000 menschen..." Was sind sechs- bis siebenhundert Jahre im Kalender der Erdgeschichte? Inzwischen hat sich im Dreiländereck um das Rheinknie allerhand an Gefahrenpotential angesammelt, was bei einem vergleichbaren Erdbeben noch weitaus größere Schäden anrichten könnte...

Beim Bau der Verbindungsstraße von Badenweiler über die Schwärze nach Britzingen wurde die östliche Hauptverwerfung des Rheingrabens in der Straßenböschung aufgeschlossen. Diese Stelle ist die erste „Station" des 1990 eröffneten geologischen Wanderwegs, der die Besonderheiten dieser einmaligen Nahtzone und eine große Zahl von Gesteinen und tektonischen Phänomenen aus verschiedenen Erdzeitaltern anschaulich demonstriert und fachlich erläutert.

Der Fluß als Baumeister

Der Rhein selbst schob Kies und Geröll aus den Alpen heran. Inseln und Sandbänke durchsetzten den mehrere Kilometer breiten Flußlauf, die wechselnden Wasserstände produzierten einen unermeßlichen Reichtum an Pflanzenarten, die sich auf die jeweiligen Standorte bestens spezialisiert hatten. Nach jedem Hochwasser – und das gab es regelmäßig zur Zeit der Schneeschmelze in den Alpen – sah die Flußlandschaft anders aus. Hier war eine Sandbank weggespült worden, dort hatten sich so viel Baumstämme, Felsbrocken und Äste verfangen, daß sich eine neue Insel bilden konnte. Als die Menschen begannen, die Flußaue zu besiedeln, waren die Jahre des freien Spiels der Naturkräfte gezählt. Hochwasserkatastrophen, Seuchen und die Undurchdringlichkeit dieser amphibischen Wildnis veranlaßten die Bewohner an den Ufern zu immer neuen Versuchen, den Fluß zu bändigen. Man sollte den großherzoglichen Geometer Tulla nicht als den alleinigen Übeltäter hinstellen, wenn vom unersetzlichen Verlust einer urwüchsigen Flußauenlandschaft die Rede ist. Denn für die geplagten Uferbewohner war Tullas Werk sicher eine Verbesserung ihrer Lebensbedingungen, außerdem machten erst der Wunsch, den Rhein auch mit großen Schiffen zu befahren und die verbesserten technischen Möglichkeiten nach der Jahrhundertwende den Rhein zu dem, was er heute ist.

Man muß sich einmal vorstellen, daß im Bereich der landschaftlich ungemein reizvollen Isteiner Schwellen der Wasserspiegel um sieben Meter über dem heutigen Niveau lag.

Das silberne Doppelband von Restrhein und Grand Canal gleicht der Spur eines riesigen Wagens.

Paradies aus zweiter Hand – Die Trockenbuschwälder in der ehemaligen Rheinaue

Nachdem die vielen Arme des Rheins zu einem einzigen zusammengefaßt waren, erhöhte sich natürlich auch die Fließgeschwindigkeit des Stroms. Er grub sich ein immer tieferes Bett. Diese Tiefenerosion ließ den Grundwasserspiegel absinken und trocknete das Umland aus. Anstatt der urwaldartigen Auenwälder breiten sich heute die sogenannten Trockenbuschwälder aus, die zwischen Neuenburg und Breisach 15 Prozent des gesamten Waldbestandes ausmachen. Ein Teil der Wälder wurde in der ersten Hälfte unseres Jahrhunderts als Kiefernmonokulturen aufgeforstet, weil die Förster dachten, jetzt, nachdem das Grundwasser abgesunken war, habe man die gleichen Vegetationsbedingungen wie an der Ostsee. Doch die Nadelbäume wuchsen kümmerlich und waren anfällig gegen Schädlinge. Heute greift man bei Aufforstungen vermehrt auf Mischpflanzungen mit einheimischen Gehölzen zurück. Die Trockenbuschwälder begleiten den Wanderer oder Radfahrer auf dem Leinpfad, der dem Ufer des Restrheins folgt.

An der Geländeform ist zum Teil noch der Verlauf der früheren Altrheinarme zu erkennen. Der kiesige Untergrund und die Trokkenheit des Standorts waren dort, wo man die Natur sich selbst überlassen hat, die Voraussetzung für interessante Pflanzengesellschaften. Sanddorn, Hasel, Weißdorn, Liguster, Schlehen bilden als Pionierpflanzen für trockene Kiesböden ein dichtes Gebüsch, das ein idealer Lebensraum für viele Tierarten ist. Dort, wo der Kiesabbau nicht im übergroßen Stil betrieben wurde, sind die stillgelegten, mit Grundwasser vollgelaufenen Kiesgruben die reizvollsten Kleinbiotope, die man sich denken kann. Uferschwalbe und Flußregenpfeifer, Kreuzkröte und Gottesanbeterin geben sich hier ein Stelldichein. Der Kiesabbau ist aber auch die größte Bedrohung dieses Paradieses aus zweiter Hand. Dort, wo die Bagger das Gelände bis zum letzten Steinchen aufwühlen und ausbeuten, bleiben nur mehr oder weniger sterile Wasserflächen zurück, deren Reste von Uferflora und -fauna von ahnungslosen Wassersportlern zunichte gemacht werden. Etwa vier Prozent der rund 80 Kiesgruben zwischen Breisach und Basel stehen derzeit unter Naturschutz.

Ein unzugänglicher Heckenstreifen

Ein wenig auffälliger Zeuge des früheren Stromverlaufs ist das Hochgestade, von den Markgräflern „Riisirai" genannt. Die im Süden bei Steinenstadt bis zu 15 Meter hohe Stufe im Gelände verläuft parallel zum Fluß und verliert in ihrem Verlauf nach Norden allmählich an Höhe. Bei Hartheim ist das Hochgestade noch etwa fünf Meter hoch. Hier endete die ehemalige Rheinaue, das Überflutungsgebiet des Flußsystems. Oberhalb des Hochgestades waren die Menschen sicher, wenn auch der wilde Rhein ab und zu gewaltig an seinem Fuß nagte. Auf diese Weise büßten die Neuenburger ihr Münster ein, das in einer Sturmnacht mit dem unterhöhlten Steilufer in die entfesselten Wassermassen stürzte. Nur der Chorraum des Bauwerks, das mit 15 Seitenaltären respektable Ausmaße hatte, blieb noch stehen. Die Ruine ist auf einem Kupferstich von Matthäus Merian festgehalten. 1704 wurde auch sie dem Erdboden gleichgemacht, als die Stadt im Spanischen Erbfolgekrieg zerstört wurde.

Das durch seine Steilheit unzugängliche Hochgestade ist von großem biologischem Wert, weil es bisher von intensiver landwirtschaftlicher Nutzung ausgenommen blieb. Der Heckenstreifen, in dem im Frühjahr so schön die Schlehen und Wildkirschen blühen, ist ein sicheres Versteck für viele Tierarten. Außerdem ist er ein hübsches landschaftliches Element, das wie ein wohltuender Kontrast gegen die angrenzende fast leergefegte Niederterrasse wirkt.

Vom Hochgestade zum Schwarzwaldrand

Die Niederterrasse

Die fast topfebene Niederterrasse, die sich an den oberen Rand des Hochgestades im Osten anschließt, ist die landwirtschaftlich am intensivsten genutzte Zone des Mark-

Rauhreifzauber in den undurchdringlichen Wäldern der Rheinaue.

gräflerlandes. Acker reiht sich an Acker, ein Gespinst von Hochspannungsleitungen liegt darüber. Wie dieser Teil der Landschaft früher einmal ausgesehen hat, läßt sich kaum noch erahnen. Bäume und Gebüsche sind bis auf einige unbedeutende Reste gerodet. Besonders in der Gegend um Bad Krozingen und Neuenburg zeigt sich die Niederterrasse als kahle, allein dem Menschen dienstbare Landschaft. Und doch wird sie noch von einigen Tierarten angenommen. So kann es vorkommen, daß man bei einem abendlichen Spaziergang über die Felder einen stattlichen Hasen davonhoppeln sieht. Kiebitze sind hin und wieder zu beobachten, aus den größeren Feldgehölzen klingt im Sommer der Gesang der Nachtigall.

Das Hügelland der Vorbergzone

Wenn René Schickele vom Markgräflerland als der „Toscana Deutschlands" sprach, dachte er bestimmt an die sonnenverwöhnten, fruchtbaren Hügel der Vorbergzone. Hier handelt es sich um uraltes Kulturland, das durch Menschen geprägt wurde, die noch im Einklang mit der Natur lebten. An den von der Sonne bevorzugten Stellen dehnen sich die Weinberge aus, Wiesen mit Obst- und Nußbäumen bestanden oder ein von Pappeln und Erlen gesäumter Bachlauf geben dem Mosaik ein kleingliedriges Gepräge. Eingebettet in die Mulden liegen Dörfer wie Ballrechten, Britzingen, Hach, Feldberg oder die Ortschaften des Eggenertals.

Die Vorbergzone erreicht ihre größte Breite von rund zehn Kilometern etwa zwischen Kandern und dem Rhein bei Bad Bellingen, der hier unmittelbar an sie angrenzt. Einen schönen Blick auf dieses sanfte Wogen von grünen Wellen hat man von der Römerstraße aus, die den Höhenrücken zwischen Schliengen und Efringen-Kirchen längs überquert. Im Westen zieht sich das silberne Doppelband des Rheins und des Grand Canal wie die Spur eines riesigen Wagens durch die Ebene. Im Osten thront der Blauen, an dessen Hang sich das Schloß Bürgeln wie ein Schwalbennest schmiegt über den Hügeln und Mulden, aus denen hier und da ein Kirchturm oder die Dächer von ein paar Häusern hervorlugen. Stundenlang kann man hier durch die Felder, Wiesen und Weinberge wandern, auf und ab, ohne einer Menschenseele zu begegnen. An jeder Wegbiegung überraschen neue Ausblicke. Das Markgräfler „Wiiwegli" erschließt die Reize der Landschaft für den, der sie zu Fuß erkunden will. Es führt von der Kirche in Alt-Weil bis nach Staufen auf und ab durch die Weinberge, belohnt die Wanderer immer wieder mit wunderschönen Ausblicken auf die Rheinebene, den Kaiserstuhl und die Vogesen.

Der Saum des Schwarzwaldes

Das Hügelland der Vorbergzone geht im Osten in die Ausläufer des Schwarzwaldes über. Ortschaften wie Sulzburg, Badenweiler oder Kandern haben als Umgebung schon die ausgedehnten Wälder, in deren tiefer gelegenen Zonen stattliche Eichen und Buchen wachsen. Im Frühjahr werden die frisch geschlagenen Stämme versteigert. Die Werteichen-Versteigerungen in Müllheim bringen gute Preise für das begehrte Furnierholz. Versteigert werden Hölzer aus Staats-, Kommunal- und Privatwald aus den Staatlichen Forstämtern Müllheim, Lörrach und Kandern. Gute Furnierstämme bringen bis zu 3000 Mark pro Festmeter. 1992 wurde ein absolut gut gewachsener Nußbaum mit 4224 Mark pro Festmeter bezahlt.

Die Kammlinie des Schwarzwaldes vom Markgräflerland aus gesehen ist besonders durch die mächtige Kuppe des 1414 Meter hohen Belchen, den langgestreckten Rücken des 1224 Meter hohen Köhlgartens und den sanftgeschwungenen 1165 Meter hohen Blauen charakterisiert. Südlich des Blauen fällt der Schwarzwald gleichmäßig zum Rhein hin ab. Die kargen Granit- und Gneisböden bringen eine völlig andere Vegetation hervor, als im Hügelland oder in der Ebene. An den kahlen, steilen Hängen des Belchen reicht die Bandbreite der Vegetation bis zur subalpinen Flora. Wen wundert's, wenn er auf einer Wanderung in diesen Höhen auch mal ein Gemsenrudel zu Gesicht bekommt, das behende über die Geröllhalden flitzt?

Im Belchengebiet kann man die eindrucksvollen „Einzelstücke" der Weidbuchen antreffen, von denen jede eine eigene, unverwechselbare Form hat. Manche dieser durch das Zusammenwachsen von vielen Einzelstämmchen entstandenen Bäume haben 200 Jahre und mehr auf dem Buckel.

Weniger schön sind die massiven Erscheinungen des Waldsterbens an der Kälbelescheuer oder auch um den Blauengipfel, die auch der dickfelligste Optimist hier nicht mehr übersehen kann. Der Anblick der gerupften und todgeweihten Weißtannen und Fichten ist wie ein stummer Schrei gegen die Auswüchse der profitorientierten Ausbeutung der Natur durch den Menschen.

Ein mildes Klima und ein fruchtbarer Boden sind gute Voraussetzungen für Feld- und Ackerbau im Markgräflerland. Mosaik aus Reben, Mais und Klee.

Von den Höhen der Vorbergzone gleitet der Blick über die Dörfer Wettelbrunn, Gallenweiler und Schmidhofen hinüber zu den Vogesen.

Die Landschaft des nördlichen Markgräflerlandes, gesehen vom Ölberg bei Ehrenstetten.

Wie die Markgräfler Gelegenheit zum Festen schaffen

„Schenk nonemol ii, s 'isch Markgräfler Wii!" So steht es auf den netten Weinkrügen, in denen die Viertele oder Halben aus dem Faß serviert werden. Etwas derber formuliert die Lust am „Sürpfle" ein alter Spruch, aufgemalt auf eine Hausecke am Müllheimer Marktplatz: „Suffe Wii, bigott!" Ein fröhlicher, etwas ungelenk hingepinselter Zecher im roten Wams hält freudig ein gefülltes Gläschen gegen das Licht. Dieses Bild zeigt in seiner Einfachheit vielleicht mit am deutlichsten, wie sich die Markgräfler als Weinfreunde selber sehen. Gerade das Prüfen von Farbe und Duft des Weines gehört für sie zum vollständigen Genuß unbedingt dazu. Es ist ihnen nicht ums Hinunterschütten zu tun, denn das alemannische Wort „sürpfle" bedeutet das genußvolle, maßvolle Weintrinken, das dem Inhalt des Glases viel interessierte Aufmerksamkeit angedeihen läßt. Schließlich ist der funkelnde Wein im Glas die Krönung eines langen Arbeitsjahrs in den Reben.

Wenn nun in einer von Fruchtbarkeit und Lieblichkeit so überreich gesegneten Ecke ein so süffiger Wein wächst, liegt es nirgends näher als jede Gelegenheit zum Festen kräftig zu nutzen. Die großen Weinfeste sind ja sattsam bekannt, hier soll die Rede einmal von den kleineren Ereignissen sein, die nicht immer nur den Wein als primären Anlaß haben, obwohl er natürlich auch da in Strömen fließt.

Hach

Die Hacher Chilbi ist etwas für Eingeweihte. Jedes Jahr am ersten Wochenende im Juli verwandelt sich die einzige Straßenkreuzung im Ort in einen Festplatz. So klein wie das Fest im Vergleich zu anderen ist, eine richtige Musik und ein Tanzboden sind obligatorisch, die paar Fremden werden von den vielen Einheimischen freundlich umsorgt. Da jeder jeden kennt, braucht man die Stimmung nicht erst anzuheizen. Natürlich gibt es kaum eine Familie in dem an der Westseite der Vorbergzone wie in einer schützenden Hand eingebetteten Dörfchen, die nicht irgendwo ein oder mehrere Stücke Reben besitzt. In Hach erzählt man sich folgende Geschichte: Einmal predigte der Pfarrer von einem zur improvisatorischen Kanzel umfunktionierten Weinfaß mit temperamentvollen Gebärden über den Bibelspruch „... über ein Kleines und ihr werdet mich nicht sehen ...", als der morsche Boden seines Podestes zusammenkrachte und das Jesuswort auf unerwartet realistische Art illustrierte. Der Gottesmann tauchte jedoch aus der Versenkung unbeirrt wieder auf und setzte seine Ansprache fort – was den Hacher Winzern offenbar ordentlich Respekt abnötigte. Sie installierten erst vor wenigen Jahren ein Faß an einem Aussichtspunkt im Dorf, in dem das „verhängnisvolle" Zitat eingraviert ist. So kann man sich heute im Schatten einer jungen Linde mit Blick auf die Rheinebene an die Begebenheit erinnern. Wer zufällig eine Flasche mitgebracht hat, kann diese in einer liebevoll geschmiedeten Halterung an der Außenseite des Erinnerungsfasses verstauen ...

Istein

Alle vier Jahre feiern die Isteiner im Juni ihr „Chlimsifescht". Dies hat nichts mit einer Art Olympiade zu tun, vielmehr macht die Vorbereitung eine Menge Arbeit. Und man möchte doch den sogenannten „Heimweh-Isteinern" auch die Gelegenheit geben, auch mitzufeiern und die Herfahrt zu planen. Was eine Chlimsi ist, läßt sich nicht so einfach erklären. Bauen kann man sie jedenfalls nicht, der Zahn der Zeit muß schon etwas daran genagt haben. Und viele Chlimsen sind inzwischen auch wegsaniert worden. „Chlimsen" bedeutet auf gut alemannisch spähen, lugen, vielleicht auch blinzeln. Und wenn die Sonne am Himmel steht, kann sie durch die Mauerritzen dieses Bauwerks „durechlimse", sieht vielleicht ein paar alte Pritschenwagen oder Eggen, vielleicht einen Hauklotz für das Brennholz oder ein vergessenes, von Spinnweben überzogenes Pferdekummet an der Wand. Daß man in so einer Umgebung trefflich feiern kann, steht außer Zweifel. Dazu kommt der fast italienische Charme des Örtchens Istein, das malerisch in einer Bucht unter dem Chlotzenfelsen gelegen ist. Steil steigen die

Schibii – Schiboo! Hoch lodert das Fasnachtsfeuer auf dem Isteiner Klotz.

Gassen, Treppen und Treppchen den Hang hinauf, in den Nischen der Vorplätze und Treppenwinkel blühen Oleanderbüsche, Kakteen und Feigenbäume.

Mappach

Auch das in zweijährigem Turnus stattfindende „Dämpfifescht" in Mappach hat erst in zweiter Linie mit dem Wein zu tun. Hier war es eine „Herdöpfeldämpfi", ein Gerät, mit dem die Bauern die Futterkartoffeln garen konnten, bevor sie sie für den Winter einstampften. Wie ein Fossil aus der Frühzeit der Maschinen steht der mehrere Meter hohe Metallzylinder des Dampfkessels mit dem noch höheren Schornstein auf dem Dorfplatz, drumherum sitzt das Volk und ergötzt sich an den „Gschwellten" – natürlich keine Futterkartoffeln mehr – die mit Bauernwürsten, Butter, Münster- oder Bibiliskäs als leckere Mahlzeit serviert werden. Dazu gibt es Wein, alten und neuen, denn das Dämpfifest findet im Oktober, kurz nach der Weinlese statt. Zwei Mappacher haben das eiserne Ungetüm liebevoll restauriert und nach Jahren des Vergessenseins wieder zum Funktionieren gebracht.

Märkt

Beim Fischerfest in Märkt lebt die Tradition der alten Rheinfischerzünfte wieder auf. Mit ihren Waidling, Drybord oder auch Heckenschlupfer genannten, etwa sieben Meter langen Holzbooten fuhren die Fischer früher hinaus in das fast unübersehbare Gewirr der Inselchen, Gerinne und Seitenarme. Mit langen Stangen stakten sie ihr Wasserfahrzeug vorwärts. Rund 50 Fischarten, teilweise mit uns heute kurios anmutenden Namen wie Schneider, Laube, Nase, Quappe oder Knilps tummelten sich damals im Rhein. Der Name des Gewanns „Nasengrien" besagt nichts anderes, als daß in jenem durch die Begradigung längst verschwundenen Gerinne Nasen vorkamen. Die Märkter bieten bei ihrem Fischerfest als Hauptattraktion fritierte Forellen an. Kenner essen sie mit den Fingern, ohne Besteck. Was schmeckt dazu besser als ein Stück frisches Brot und ein Schluck kühler Gutedel? Rund eine Tonne Forellen passiert in den drei Tagen, die das Fest dauert, die Friteusen der Veranstalter. Musikvereine aus der Umgebung warten mit ihrem Können auf, um die Gäste zu unterhalten.

Wollbach

Das „Strübli-Fescht" im Kanderner Ortsteil Wollbach spielt sich ausgerechnet in der steilsten Straße des Dorfes ab, in der Poststraße. Dort hat es die schönsten Innenhöfe, wo sich die luftige Delikatesse der Strübli vor stimmungsfördernden Kulissen am genußreichsten verzehren läßt. Wie zu Omas Zeiten wird der „Strübli"-Teig, eine Art Pfannkuchenteig, in dem großzügig Eier von – natürlich glücklichen – Hühnern Verwendung finden, durch einen Trichter spiralig in eine Pfanne bugsiert, in der schwimmendes Fett bei größter Hitze blubbert. Was da herauskommt, ist eine knusprige Köstlichkeit, die sich mit nichts auf der Welt vergleichen läßt. Da auch hier der Wein, wie eigentlich bei allen Markgräfler Delikatessen, bestens paßt, die Tische aber infolge der steilen Hanglage des Festorts ziemlich schräg in der Landschaft stehen, haben die Veranstalter die List mit den kleinen Holzkeilen ersonnen, die es zu jedem Viertele dazugibt, damit das Glas gerade bleibt.

Schibii, Schiboo

Wenn sich die Wogen des allgemeinen Karnevals nach Aschermittwoch verlaufen haben, beginnt im Markgräflerland die „Fasnacht". Für die Rhydeufel und Hudeli, Zinkewaggis, Bogdemolli und Rhyschnoke oder wie die phantastischen Gestalten alle heißen, beginnt die heißeste Phase in der Saison. Die „Buurefasnacht" schlägt ihre höchsten Wellen, wenn in anderen Städten Konfetti und Scherben längst zusammengekehrt sind. Am Sonntagabend nach Aschermittwoch scheinen im Markgräflerland ganze Hügelketten in Flammen zu stehen: Bei Einbruch der Dunkelheit werden die in langer Vorbereitungszeit himmelhoch aufgeschichteten Holzstöße aus alten Balken, Bauholz, Rebwellen, Brennholz oder gesammelten Ästen angezündet. Eine sehr heiße Art, dem Winter Lebewohl zu sagen. Und wehe dem, der die bis zu fünf Meter hohen Holzhaufen vorher anzünden will. In den Nächten vor dem Ereignis werden sie von den Buben aus den jeweiligen Dörfern bewacht, und seien die Nächte auch noch so grimmig kalt.

Beim Scheibenschlagen werden kleine, quadratische, aerodynamisch sehr vorteilhaft geformte Holzstückchen mit einem Stock über eine hölzerne Startrampe zu Tal geschickt. Der „Schütze" hat sein Geschoß zuvor im inzwischen heruntergebrannten Gluthaufen entzündet und der Luftzug verwandelt die „Schibi" dann beim Fliegen in einen leuchtenden Meteor. Alles macht mit beim Scheibenschlagen und manche Oma macht ihren Enkeln da etwas vor, wenn sie mit gekonntem Schwung das glühende Holz in hohem Bogen in den kalten Nachthimmel schießt und eine gleißende Spur bis ins Tal hinab zieht. Manchmal findet man beim Herbsten eine „Schibi", die, an den Rändern angekohlt, immer noch von ihrem Flug durch die kalte Winternacht träumt ...

Tausende von Sonnenblumen blühen jeden Sommer auf den Markgräfler Äckern. Das kleine Abbild unseres Tagesgestirns hat seinen festen Platz in der landwirtschaftlichen Fruchtfolge.

Blütenzauber im Garten der Natur.

Wer ist die Schönste im ganzen Land?

Es sind nicht allein die Geranien, die ein Dorf schöner machen. Das hat sich in all den Jahren seit 1961, als der Wettbewerb „Unser Dorf soll schöner werden" ins Leben gerufen wurde, sehr schnell gezeigt. Gerade im Markgräflerland mit seinen gesegneten klimatischen und landschaftlichen Bedingungen erwies sich die Institution dieses oft als „Geranienzählen" belächelten Wettbewerbs als äußerst fruchtbar. Die Bewohner eines Dorfes sollen sich Gedanken machen, wie die Gestaltung ihres Wohnbereichs zu verbessern sei, ermuntert die Broschüre, die das Landratsamt alljährlich herausgibt. „Der Wettbewerb soll die notwendige gesellschaftspolitische und strukturelle Neuorientierung des ländlichen Raumes auf breiter Ebene unterstützen und intensivieren ..." Auch der Minister für „Ländlichen Raum, Ernährung, Landwirtschaft und Forsten Baden-Württemberg" wirbt für diese Idee. Aus gutem Grund, denn, mit etwas weniger papierenen Formulierungen gesagt: Die Gefahr, daß die schönen Dörfer, wie sie auch das Markgräflerland zuhauf sein eigen nennt, zu reinen Schlafstätten herabgestuft werden, war zur Zeit des Wirtschaftswunders ziemlich groß. Der Komfort der alten Häuser ließ zu wünschen übrig, die Arbeitsplätze lagen in den Ballungszentren oder größeren Ortschaften, phantasielose Neubausiedlungen schnürten die alten Ortskerne ein.

Wenn die Bewertungskommission, bestehend aus Fachleuten für Architektur, Landwirtschaft, Gartenbau und Kommunalpolitik, durch das angemeldete Dorf spaziert, legen die Damen und Herren zunächst natürlich besonderes Augenmerk auf die Baugestaltung des Ortes. Wie wird historische Bausubstanz gepflegt und genutzt, wie sieht es um Kirche, Schule und Kindergarten herum aus? Werden bei Um- und Neubauten ortsgerechte Materialien und Bauformen verwendet? Als Beispiel seien die großen geschlossenen Dachformen genannt, die den Dörfern im Markgräflerland ein typisches Gepräge geben. Man kann die Ziegelflächen nicht beliebig mit Luken und Gauben aufreißen, ohne daß ein Ortsbild gestört wird. Oder die Fensterfronten: Aufgeklebte Sprossen sind ebenso unharmonisch wie Fenster, bei denen man die halbe Wohnung ausräumen muß, wenn man sie mal aufmachen will. Klassisch klare Gliederungen der Hausfassaden mit möglichst wenig Schnickschnack bevorzugten die alten Winzer- und Bauernfamilien für ihre Gehöfte, deren Herrschaftlichkeit durch die breiten Torbogen und die herrlichen, oft mit einem Brunnen oder einer großen Linde geschmückten Innenhöfe noch unterstrichen wird. Bis zu 30 von 100 möglichen Punkten können für diesen Bewertungsaspekt vergeben werden.

Ebenfalls bis zu 30 Punkte stehen für den Bereich „Grüngestaltung des Ortes" zur Verfügung. Sowohl der öffentliche als auch der private Bereich werden hier unter die Lupe genommen. Wie steht es mit der Ortsbegrünung mit standortgerechten Gehölzen und Kräutern? Werden naturnahe Lebensräume für Pflanzen und Tiere gefördert? Wie sehen die Vorgärten, die Wohn- und Wirtschaftsgärten aus?

Die Einbindung des Ortes in die umgebende Landschaft schlägt mit bis zu 15 Punkten zu Buche. Den Markgräflern kommen ihre außerhalb des Ortes liegenden Großgärten, kurz „Bündi" genannt, zugute. Den ganzen Bedarf an Obst, Gemüse, Schnittblumen und Kräutern baut man hier an, da es innerhalb des Dorfes zu wenig Platz dafür gibt. Hier wird die naturnahe Bewirtschaftung und der Schutz der umliegenden Biotope wie Feldgehölze, Feuchtwiesen, Auen oder Trockenrasen geprüft.

Was tun die Bürger für ihr gesellschaftliches Zusammenleben? Gibt es kulturelle und soziale Einrichtungen, die den Bürgern das Abwandern in „belebtere" Regionen ersparen? Für diesen Bereich verteilt die Kommission, die sich aus Fachleuten der verschiedenen angesprochenen Bereiche zusammensetzt, bis zu 15 Punkte. Allgemeines zur Entwicklung und Gestaltung des Ortes bringt nochmals bis zu

Verträumte Winkel mit liebenswerten Zeugnissen vergangener Zeiten.

Die großen, blumengeschmückten Innenhöfe der bäuerlichen Anwesen dienen nicht nur praktischen Zwecken. Ihre Atmosphäre lädt zum Verweilen und Plaudern ein.

10 Punkte. Der Bewertungsbogen nennt unter anderem die Anbindung der Neubaugebiete, die Qualität der Ver- und Entsorgungseinrichtungen für Wasser und Müll und nicht zuletzt den Stand und die Umsetzung gemeindlicher Planungen wie Bauleitplanung, Landschaftsplanung oder Gestaltungssatzung.

Mit diesen Kriterien könnte man ein Markgräflerdorf wie aus dem Bilderbuch kreieren. Oft genug aber muß man halt einige Abstriche machen, wenn beispielsweise irgendwo ein profilierungsbedürftiger Architekt für einen Bauherrn, der zwar Geld aber wenig Geschmack hat, ein Zuckerbäckerschloß in die Landschaft setzt, wenn ein anderer im Koniferengehölz die höchste Verkörperung gärtnerischer Leistungen sieht, oder wenn ein Gemeinderat geschlossen der Ansicht ist, es müsse unbedingt ein Golfplatz mit der entsprechenden „Kundschaft" her.

Ein Dorf auf dem Weg zur Goldmedaille

Man hatte den Empfang der „Kommission" gut vorbereitet. Pünktlich um 8 Uhr stand die Tür des Rathauses offen, die Autos waren vorsorglich in den Hinterhof verbannt worden. Auf den Tischen standen leckere Kuchen, nichts Aufdringliches, solide Backkunst der Markgräfler Hausfrauen. Freundlich hörten sich die Damen und Herren die Rede des Ortsvorstehers an, das Mundartgedicht, vorgetragen von einem Schulkind, das vermutlich zu diesem Anlaß frei bekommen hatte. „Wir sind ein Dorf und wollen auch eins bleiben", sagte der Ortsvorsteher, natürlich im bodenständigen Dialekt. Man brach zum Rundgang durch das Dorf auf. Der Vollerwerbslandwirt war gerade dabei, seine Kühe mit duftendem Heu zu füttern, in der Kirche übte jemand auf der Orgel, durchaus hörenswert. Wohlwollend betrachteten die Juroren die blühenden Vorgärten, die sorgfältig freigelegten Fachwerkwände und die gotischen, in Sandstein gerahmten Fenster des dienstältesten Hauses am Ort, das auf eine Jahreszahl aus dem 16. Jahrhundert verweisen konnte. Sie verteilten Traumnoten.

Die Kommission der nächsten Bewertungsebene kam dann aus Stuttgart. Wieder spielte die Orgel, wieder fütterte der Bauer seine Kühe, wieder gab es zur Begrüßung Gugelhupf und Kaffee, eine Ansprache und ein Mundartgedicht. Man hatte seine Hausaufgaben gut gemacht. Das Neubaugebiet war klein und gut integriert, eine große Straße führte nicht durch den Ort, ein Gewerbegebiet gab es ebenfalls nicht. Vorsorglich hatte man noch eine Großmutter mit Strickstrumpf auf die Bank vor ihr Haus beordert, obwohl ein sengend heißer Sommertag Menschen und Tieren einheizte. Aber auch ohne die freundlichen Komparsen hätte das Bilderbuchdorf seine Goldmedaille bekommen, denn vom Schicksal begünstigt liegt es fernab von jeglicher widrigen Entwicklung...

Eine Stadt und ihre Verkehrsprobleme

Was sich heute lautmalerisch „Östliche Allee" nennt, hieß im Anfangsstadium der Planungen kurz „Kerntangente". Die Straße sollte genau mitten durch den alten Ortskern führen, daher der Name. Rein geometrisch gesehen ist dies ein kompletter Unsinn, denn eine Tangente berührt einen Kreis nur an einem Punkt. Doch es klingt schick. Eine Stadt wie Müllheim ist ja schließlich kein Dorf, das „schöner werden" soll, sondern ein Mittelzentrum, das auf Leistung und Lebensqualität setzt. Die Kerntangente also war als „leistungsfähige" Süd-Nord-Verbindung vorgesehen, um die belebte Wilhelmstraße zu entlasten. An Argumenten fehlt es keiner der beiden Parteien, von denen die eine auf einen zügigen Verkehrsfluß bei gleichzeitig ungetrübtem Einkaufsbummel setzt und die andere davor warnt, gerade die schönsten Teile des alten Ortskerns zu vernichten. Denn alles das, was im Katalog des dörflichen Schönheitswettbewerbs als wünschenswert angeführt ist, hat dieses Stadtviertel noch in reichem Maße. Die alte Bäuerin beispielsweise, die dort noch wohnt, gebietet über eine Kuh, viele glückliche Hühner, sowie einige Stücke Reben, Felder und Wald in der Umgebung. In ihren Hof verirren sich öfter die Malklassen der örtlichen Volkshochschule oder Fotografen, die typisch Markgräflerisches auf Papier bannen wollen. Ein Abgesandter vom Rathaus hatte die Aufgabe, der Frau weiszumachen, daß sie im Altersheim besser aufgehoben wäre...Er versuchte es mehrfach, blieb jedesmal lange da, um im freundlichen Gespräch immer wieder auf die Vorteile eines „gesicherten" Lebensabends hinzuweisen. Wie in einem schlechten Heimatfilm, nur daß der kommunalpolitische Schwank möglicherweise kein Happy-End hat. Zur Zeit der Drucklegung dieses Buches jedenfalls sah es eher düster aus für die Kuh, die glücklichen Hühner und die alte Frau, die ihre Heimat nicht freiwillig verlassen wollte.

Selbst wenn die „Kerntangente" nun von den Planern in „Östliche Allee" umgetauft und mit ein paar zusätzlichen Kurven versehen wurde, hat sie von ihrer Grausamkeit nichts verloren. Merkwürdig, daß bei Modellen von derartigen Projekten zwar dutzendweise riesige Bäume eingezeichnet sind, dafür aber fast nie ein Auto. Der Gärtner, der eine fünfzig Jahre alte Linde liefern kann, muß erst noch gefunden werden.

In Staufen ist Wochenmarkt. Vor der Kulisse des historischen Rathauses haben die Bauern ihre Stände aufgebaut.

Bunter Gemüsegarten unter verschneiten Zweigen: Der Lörracher Wochenmarkt.

Bäder im Markgräflerland

Das jüngste Heilbad

Am 28. November 1956 um 17.15 Uhr schoß eine 39 Grad Celsius warme, zehn Zentimeter starke Wassersäule aus dem Boden des Grundstücks mit der Lagebezeichnung „Nr. 4238" in Bellingen. Zehn Meter hoch war die Fontäne, zum Entzücken der erwartungsvoll um das Experiment herumstehenden Bürger, die sofort einen Herbstbottich herbeiholten und es sich trotz Nacht und Kälte nicht nehmen ließen, in das wohlig warme Wasser zu steigen, immer fünf auf einmal, weil für mehr kein Platz war.

Der gewinnbringende Fund verdankt seine Geschichte einer ganz anderen Zielsetzung. Die Kasseler „Wintershall Aktiengesellschaft" hatte zuvor an dieser Stelle nämlich nach Erdöl gebohrt, aber statt des schwarzen Goldes ab etwa 600 Meter Tiefe lediglich Thermalwasserströme gefunden, die so stark waren, daß man sie mit Zementfüllungen zurückhalten mußte, um weiterbohren zu können. Als bei Meter 628 ein Schwall von 1000 bis 2000 Litern warmem Wasser pro Minute durch den Bohrgang aufstieg, erklärte man die Bohrung für beendet und verfüllte das Loch „gemäß den bergamtlichen Vorschriften", wie es in einer Darstellung des Freiburger Geologieprofessors Kurt Sauer heißt. Dies war im Jahr 1955.

Markus Ruf, der damalige Bürgermeister der Gemeinde, die bis dahin hauptsächlich von Landwirtschaft und Weinbau gelebt hatte, wollte den im unterirdischen Gestein sprudelnden Schatz aber nicht verlorengeben. Die Gemeinde bemühte sich deshalb um das Recht, den Zementpanzer wieder entfernen zu dürfen. Am 10. Januar 1956 wurde der entsprechende Vertrag mit der Erdölgesellschaft unterzeichnet.

Damit war der Weg geebnet, der die Gemeinde Bellingen zum jüngsten Heilbad im Markgräflerland machte. Der begehrte Titel „Bad" wurde dem Ort am 14. Oktober 1969 verliehen, nachdem sich das Thermalwasser als ausgezeichnetes Heilmittel bewährt hatte. Dem mutigen Bürgermeister zu Ehren, der das Risiko einer teuren Fehlentscheidung nicht gescheut hatte, wurde die zuerst erbohrte Quelle „Markusquelle" genannt, am 30. August 1963 begann die zweite Quelle, die „Leodegarquelle" zu sprudeln. Eine dritte Bohrung brachte 1975 Erfolg, die „Quelle III" war ins Leben gerufen.

Ein Museum der Badekultur

Der „zweckentfremdete" Herbstbottich, der, nachdem er den süßen, prallen Traubensegen der Rebhänge um den Ort Bellingen aufgenommen hatte, als Badezuber der ersten Stunde seinen Dienst tat, steht als Prunkstück im 1991 eröffneten Oberrheinischen Bädermuseum im Bad Bellinger Ortsteil Bamlach. In fünf wissenschaftlich erarbeiteten Abteilungen wird die Kulturgeschichte des Heilbades mit den medizinischen Entwicklungen und Veränderungen im Lauf der Jahrhunderte dargestellt. Denn das Singen in der Badewanne oder unter der Dusche ist nicht erst eine Erfindung der Neuzeit. Das warme Wasser hatte schon immer eine stimulierende Wirkung auf die Menschen, und dies nicht nur, wenn sie krank waren. Man aß, trank, musizierte und gab sich sonstigen Freuden im Bade hin, wie dies aus den im Museum ausgestellten Dokumenten deutlich wird. „Beyderley Geschlecht" vertrieb sich die Zeit im Bad aufs angenehmste. Später kam der gesellschaftliche Aspekt des Sehens und Gesehenwerdens hinzu, eine gepflegte Kurpromenade oder ein Kurpark waren fast so wichtig wie die sprudelnde Therme. Die Wissenschaft der „Bader" und oft auch „Kurpfuscher" wurde immer empirischer und weniger anfällig für abergläubische Exkurse …

Das Museum befindet sich in einem wunderschönen Staffelgiebelhaus aus dem 16. Jahrhundert. Die Kunsthistorikerin Kathrin Wegener leitet das Museum hauptamtlich und sorgt unter anderem für entsprechende Sonderausstellungen, denn angegliedert ist auch das Bad Bellinger Heimatmuseum. Die Öffnungszeiten sind Sonntag und Mittwoch, jeweils von 14 bis 17 Uhr.

Die Tradition von Badenweiler geht bis in die Römerzeit zurück.

Badevergnügen in heilkräftigem Wasser: Die Bad Krozinger Therme.

Heilung aus dem Inneren der Erde

Der heilbringende Bodenschatz hat das Leben der Gemeinde Bad Bellingen und ihrer Ortsteile nachhaltig verändert. Verantwortlich dafür ist wiederum der durcheinandergeworfene Untergrund des oberrheinischen Grabenbruchs. Emporgedrückte Schollen aus undurchlässigem Gestein halten den Lauf des Wassers vom Schwarzwald nach Westen auf. Es staut sich und steigt empor, angereichert mit Mineralstoffen aus Schichten, die es auf seiner Wanderung durchfließt. Erwärmt wird es durch aufsteigende Ströme von Erdwärme, die in der labilen Zone ungehindert nach oben fließen können.

Die Bad Krozinger Therme gibt es seit dem Erdebeben von 1911. Die Quellen von Badenweiler strömen entlang des sogenannten „Quarzriffs" aus. Diese Formation entstand, als im Gefolge heftiger Erdbewegungen der Oberrheingraben einbrach. Heiße Gesteinslösungen stiegen aus dem Erdinneren auf und setzten sich in den entstandenen Spaltenhohlräumen ab. So entstanden mächtige Gänge aus Quarz, Schwerspat und anderen Mineralien. Das Quarzriff begleitet die Hauptverwerfung in variabler Schichtstärke. Schon die Römer gruben Stollen ins Quarzriff hinein, um die Spendenleistung der Quellen zu verbessern. Der berühmte Ingenieur Robert Gerwig, der auch die Trasse der Schwarzwaldbahn baute, ist verantwortlich für den auch heute noch betriebenen Fassungsstollen von Badenweiler und seine Zugangsstollen. Seit Jahrhunderten fließt hier nun schon der köstliche Bodenschatz mit einer konstanten Temperatur und einer Quellschüttung von 11 bis 15 Litern pro Sekunde aus dem Berg. Die drei Bäder Bad Bellingen, Bad Krozingen und Badenweiler haben sich seit der Zeit ihrer „Entdeckung" kontinuierlich entwickelt und besitzen alle Annehmlichkeiten eines modern geführten Heilbades.

Bäder, die kaum noch einer kennt

Daß aber auch unter anderen Sulzburg, Müllheim Steinenstadt, Liel, Riedlingen, Maulburg und Hauingen eine Zeitlang in der Liste der Heilbäder des Markgräflerlandes standen, wissen heute nur noch wenige. Immerhin findet sich die Sprudelflasche mit dem grünen Etikett des Lieler Schloßbrunnens nicht nur auf den Tischen der Markgräfler Gasthäuser, die sich auf die Kultur des Essens und Trinkens besonders gut verstehen, sondern auch ganz oben in den Listen der wissenschaftlichen Untersuchungen, die die Güte von in Flaschen abgefüllten Mineralwässern testen. Welche Gründe nun ausschlaggebend waren, daß die genannten Orte ihre Funktion als Heilbad eingebüßt haben, ist nicht mit Sicherheit auszumachen. Vielleicht lag es mit an der Tatsache, daß das Wasser lange nicht die Temperaturen hatte, wie die Quellen der drei „großen" Heilbäder und auch nicht so ergiebig sprudelte, wie diese. Der Führer des Badearztes Dr. H. Oeffinger aus dem Jahr 1898 nennt für die kleinen „Dorfbäder" eine Temperatur von durchschnittlich acht Grad Reaumur, dies entspricht etwa elf Grad Celsius. Was diese Badeorte offenbar zusätzlich für das Publikum des ausgehenden 19. Jahrhunderts so anziehend gemacht hat, war ihre landschaftlich reizvolle Lage. So schreibt Oeffinger beispielsweise zum Stichwort Hauingen: „Hauingen im untern Wiesental. 314 m ü. M. Erdig-alkalinische Quelle. Mineralbad … liegt in dem anmutigen, von Hebel besungenen Wiesenthal … Unter den prächtigen Spaziergängen ist der nach der großartigen, weithin sichtbaren, von den Franzosen zerstörten Ruine Röteln besonders zu erwähnen …" In der „Sommerfrische und Luftkurort" Riedlingen kostete zur Zeit des schreibfreudigen Medikus Oeffinger „Pension mit Zimmer und Bedienung" drei Mark. Dafür bestand die Gelegenheit zu warmen und kalten Bädern, Kneippschen Güssen und Waschungen, und als Dreingabe konnte der Badegast die malerische Umgebung der Obstgärten und Wiesen genießen. Die Umgebung als stimulierendes Element für kränkelnde Gemüter: So abenteuerlich noch manche „wissenschaftliche Erkenntnis" aus dem vorigen Jahrhundert anmutet, so weitblikkend erscheint uns heute das Urteil Oeffingers, die Leiden seiner Patienten betreffend: „Der Mensch des fin de siècle ist nervös, neurasthenisch geworden. Diese Modekrankheit ist ein Produkt der überhasteten Lebensweise, der Überanstrengung des Gehirns in der Schule, im Geschäftsleben, ein Produkt der in ungeahnter Weise erleichterten Verkehrseinrichtungen und nicht in letzter Reihe der erhöhten Genußsucht aller Stände und Lebensalter …"

Vornehme Abgeschiedenheit am Fuße des Blauen: Das elegante Kurbad Badenweiler.

Ein Klima, in dem Kunst gedeiht - Holzen

Markt im Storchendorf

Ein lauer Spätsommertag im September. Das Azur des Himmels ist durchsichtig und zerbrechlich wie kostbares Glas, die Insekten nutzen die Wärme der Sonnenstrahlen zu einem genüßlichen Ausflug, die Trauben in den Weinbergen und an den Pergolen sammeln die letzte Süße vor der Ernte. In den Gärten blühen Dahlien, Rosen, die letzten Sonnenblumen und die ersten Astern. Kunsthandwerkermarkt in Holzen: Aus der ganzen Umgebung, nah und fern, haben sich Menschen eingefunden, die die Erträge ihres kunstgeweblichen Fleißes zeigen und auch verkaufen wollen. Seidenblusen, Sandbilder, Glasarbeiten, Gestecke von Trockenblumen oder Marionetten, ein ganzer Reigen von schönen Dingen bietet sich dem Besucher in farbiger Pracht dar.

Das „Worpswede des Markgräflerlandes"

„Seine Farben sind viel fröhlicher und vitaler geworden, seit wir hier wohnen," sagt Gerda Sauk über die Bilder ihres Ehemanns Max. Das Ehepaar Sauk hatte es nicht ganz einfach, bis die Erbengemeinschaft sich entschließen konnte, das alte, renovierungsbedürftige Holzener Anwesen zu verkaufen, doch es war Liebe auf den ersten Blick für den Maler und Bildhauer aus dem Norden und für seine Frau, die Ärztin, deren Liebe den Blumen und der Gärtnerei galt. Der Garten, in dem es nach Markgräfler Art gleich üppig zu sprießen begann, erwies sich als idealer Rahmen für die Plastiken von Max Sauk, der auch bei seinen Bildern den Rahmen als einen Teil des Kunstwerks betrachtet. „Eine Plastik wirkt am besten durch die Umgebung der Natur", sagt er selbst. Blumen, Vögel, viele Katzen oder auch ein allerliebster, fast menschengroßer Pan aus den Resten einer alten Landmaschine, ein geschnitzter Christus, der seine Hände noch am Kreuz siegreich emporreckt, um nur einige Themenkreise des reichen Œuvres zu nennen.

In Holzen gibt es mehr als ein Dutzend freischaffender Künstler, in ihren Arbeiten verschieden voneinander, Maler Bildhauer, Fotografen, ein Drehorgelbauer wohnt hier. Sie alle vereint die Hingabe an die Landschaft dieser gesegneten Ecke, die vielleicht entfernt dem entspricht, was Italien für die kunstschaffenden Vorfahren war. Die alteingesessenen Holzener Bürger wundern sich schon lange nicht mehr, wenn aus einem Kellerfenster ein lebensechter Pferdekopf aus Gips herauslugt, in einem Vorgarten eine riesige Vogelschwinge den entschlossenen Schritt des Spaziergängers bremst oder einer ihrer Neubürger irgendwo, weit weg, eine Ausstellung macht. Abends, im „Hirschen", vor dem die Ortsverwaltung eine sanguinische Plastik, eine überdimensionale Rose von Max Sauk aufstellen ließ, sind die letzten Reste von Berührungsängsten ausgeräumt.

Ein Refugium für Adebar

Holzen ist ein besonderer Ort. Nicht nur für Künstler. Das äußert sich möglicherweise schon darin, daß auf dem Turm der Dorfkirche zwei Storchennester errichtet sind, eins auf der Turmspitze, eins auf einem Wasserspeier. Letzteres war eine Idee der Störche und nicht im Storchenförderungsprogramm eingeplant, denn, nachdem ein Provisorium aus „selbstgesammelten" Zweigen mehrmals heruntergebrochen war, entschloß sich die Ortsverwaltung, eine solide Plattform bauen zu lassen.

Das Holzener Storchengehege erfüllt eine wichtige Aufgabe. Nur durch die behutsame Nachhilfe der Menschen konnten sich die bedrohten Bestände an Weißstörchen erholen und stabilisieren. Die Jungstörche aus der Nachzucht der Storchengehege ziehen, wie ihre inzwischen äußerst selten gewordenen freigeborenen „Kollegen", im Winter nach Afrika. Die „Alten" aber, die haben es sich längst abgewöhnt, herumzuvagabundieren, sie bleiben in Europa und werden mit menschlicher Hilfe am Leben erhalten.

Im Bilderbuchdorf Holzen fühlen sich Adebar und Künstler heimisch.

Bi uns cha me au alemannisch schwätze

„Der Vogel fliegt so tief und still / Und weiß nit, woner ane will…", schreibt Johann Peter Hebel in der ersten Strophe seines Gedichts „Gewitter". Als der Elsässer Lucien Herr, Bibliothekar an der École Normale Supérieure in Paris, im Kreise von Gesprächspartnern diese Strophe zitierte, und Hebel als Dichter in eine Linie mit La Fontaine stellte, fragte Rainer Maria Rilke, der sich unter den Zuhörern befand, was denn „ane" bedeute. Als Herr übersetzte „…und weiß nicht, wo er hin will…", mußte er gleich darauf hinzufügen: „Das ist gar nichts mehr und hat keinerlei poetischen Gehalt. In dem ane liegt es. Darum kann man nicht trennen, die Sprache und der Dichter sind eins."

Es läßt sich auch heute noch nachvollziehen: Das Alemannische, und besonders das des Markgräflerlandes ist eine poetische Sprache, deren Bildhaftigkeit nicht nur in archaischen Wörtern begründet ist, sondern die sich bereits aus der Sprechmelodie, aus der Lautfolge ergibt. Viele Heimatdichter haben versucht, es Hebel nachzutun, Beschreibungen von Land und Leuten in Reime gefaßt, in ernste oder heitere, einfache und komplizierte, amüsante und langweilige, ohne daß jemals einer wieder die dichterische Größe des Theologen aus dem Wiesental erreicht hat.

Das Alemannische ist keineswegs der Dialekt von Leuten, die sich halt nicht in Hochdeutsch ausdrücken können, sondern als Sprache der Ausdruck eines fundierten Selbstbewußtseins. Man setze sich einmal als Zuhörer in eine Ratssitzung, sei es im Ortschaftsrat einer kleinen Gemeinde oder im Gemeinderat einer größeren. In Erörterungen und Diskussionen, in denen es um Entscheidungen von einiger Wichtigkeit geht, leistet es als klares schnörkelloses Ausdrucksmittel gute Dienste und entlarvt so manche leere „hochdeutsche" Phrase. Die südbadischen Tageszeitungen haben alle irgendwo eine Meckerecke, wo ein alemannischer Anonymus, heißt er nun „Dengelegaischt", „Öbber vo neume", „Reblandbot" oder „Müpfi" seinen Unmut über bestimmte Zustände austoben und Beobachtungen und Bemerkungen über seine Mitmenschen anbringen kann. Über die Rechtschreibung, die selbst bei Hebel nicht immer ein einheitliches Bild aufweist, wacht die „Muettersprochgsellschaft", die mit vielen Vorträgen, Festen und geselligen Veranstaltungen dazu beiträgt, daß das Alemannische seinen Platz im Markgräflerland behält. Und die guten Kontakt zu den elsässischen Nachbarn pflegt, denn schließlich macht der Laut der alemannischen Sprache vor den gegenwärtigen politischen Grenzen nicht halt. Ein Winzer aus dem Markgräflerland hat mit einem Bergbauern aus den Hochvogesen oder einem Straßenbahnschaffner aus dem Baselbiet mehr gemeinsam als mit einem Landwirt aus Hessen oder einem Fischer aus Friesland.

Für Anfänger ein Wörterbuch:

Alemannisch leicht gemacht!

Es ist ja eigentlich nicht schwer,
ein Meter Brennholz - *isch e Ster,*
munter reden - *gmüetlich schwätze,*
einen heben - *eine pfätze*
fröhlich hüpfen - *ummegumpe,*
Sacktuch - *isch e Schnuderlumpe,*
krause Haare - *Chruuseli,*
junge Kätzchen - *Buuseli,*
kleine Hügel - *Bückeli,*
junge Hähne - *Gückeli,*
großer Kopf - *das isch e Mölli*
Katzen-Kater - *isch e Rölli*
herzlich lächeln - *herzig lächle,*
übel reden - *durehächle*
spitze Dornen - *das sin Stachle*
Blumentöpfe - *Maiechachle,*
neidisch schimpfen - *ummebruddle*
Eingeweide - *das isch d Chuddle*
und die Falsche - *isch die Lätzi,*
und ein Schöpfmaß - *isch e Gätzi,*
statt zum Klo - *göhn mir ufs Hüüsli,*
und der Weinkrug - *isch e Chrüüsli,*
Traubentonne - *isch e Bogge,*
großer Klumpen - *dicke Mogge,*
junge Euter - *zarti Diddli,*
Butterbrot - *e Ankeschnittli*
Schmetterling - *sin Summervögel*
Eisenhaken - *Chirsihöögel,*
junge Ziege - *isch e Gizzi*
und wenn 's heiß ist - *he no schwitzi,*
reife Früchte - *die sin zitig*
und der Freitag - *isch dr Fritig,*
mr verstoht sich - *eh gedacht*
mit:
Alemannisch leicht gemacht!

Trotzdem: „Müllheim" heißt bei den Auggenern „*Mülle*" und bei den Müllheimern „*Mille*". Kapier's wer kann!

Markgräfler Landschaft im Wandel der Jahreszeiten.

Arbeit ohne Streß: Ein Schäfer mit seiner Herde bei Mauchen.

Die Markgräfler verstehen, die Feste zu feiern wie sie fallen. Ein Viertele gehört immer dazu.

Essen und Trinken hält Leib und Seele zusammen

Ein Sprichwort, das, so banal es klingt, größere Tiefe hat, als man ihm auf den ersten Blick zutraut. Zum Leib gehört die Seele, und wenn diese in Nöten ist, reagiert der Leib oft genug mit Mißbehagen oder gar mit Krankheit. Hier soll aber nicht philosophiert, sondern das Augenmerk auf den ersten Teil der zitierten Volksweisheit gerichtet werden. Dazu bietet sich das Markgräflerland als allererste Adresse an. Wer seiner Küche nur das Prädikat „bodenständig" zuteilt, vergißt, erstens, daß die Grenze zu Frankreich nur ein Steinwurf entfernt ist und die Verbindungen auch in den Zeiten des strammsten Nationalismus und Fremdenhasses nie ganz austrockneten, zweitens, daß in diesem Landstrich alle nur denkbaren Köstlichkeiten wachsen, von denen ein passionierter Koch träumt. Ein Klima, in dem Feigen und Wein, Spargel und Walnüsse gedeihen, bringt an Obst, Gemüse und Kräutern nahezu alles hervor, was das Herz begehrt. Wen wundert's, daß man auf den Speisekarten der Markgräfler Wirtschaften neben einer Vesperplatte mit Hausmacherwurst, Speck und Schwartenmagen auch einen feinen Lammrücken oder raffinierte Fischgerichte findet. Die Vielfalt der Flora und Fauna spiegelt sich in der Vielfalt der Speisen wider, von der Spargelsaison im Frühjahr bis zur Wildsaison im Herbst hat jeder Monat seine Spezialitäten und im Winter gibt es dann köstliche Schlachtplatten und

Essen und Trinken hält Leib und Seele zusammen.

delikate Eintöpfe. Und wenn eine Köchin oder ein Koch erst einmal auf die „Waie" zu sprechen kommt, jenen Kuchen aus einem knusprigen Mürbe- oder Hefeteig, die die Unterlage für sonnenreifes Obst mit einem Guß aus Rahm und Eiern abgeben oder für Zwiebeln mit Speck, Lauch oder Tomaten, dann läßt sich die Zeit nicht abschätzen, in der das Thema auch nur annähernd erschöpft ist.

Natürlich trinken die Markgräfler am liebsten ihren Gutedel, den frischen, hellen, rassigen Tischwein, der fast zu allem paßt, und der vom süffigen Faßwein bis zum Kabinett oder gar zur Spätlese alle Tonarten der Qualitätsbezeichnung überzeugend zu spielen imstande ist. Über die Bedeutung des Roten Gutedel streiten sich selbst die Fachleute. Manch ein probierfreudiger Feriengast wundert sich, wenn er nach der Bestellung eines Vierteles Roten Gutedel einen Weißwein serviert bekommt. Die Haut der Beeren ist rot bis violett, doch auf die Farbe des Weins hat sie keinen Einfluß. Die Beeren selbst sind größer und saftiger als die des weißen Gutedel, aber nur bei einem konsequenten Rückschnitt des Fruchtansatzes erreicht diese Spielart des Markgräflers eine Öchslezahl, die einen Ausbau zum Kabinettwein möglich macht. Die Markgräfler Winzer mögen aber schon aus einem Grund nicht darauf verzichten, zwischen ihre Rebstöcke hin und wieder einen Stock Roten Gutedel zu pflanzen: Wenn die Herbstleute für ihren Einsatz neben einem guten Vesper mit einem Körbchen voll Trauben entlohnt werden, dann macht sich die rote Gutedeltraube besonders schön, wenn sie zwischen ihre weißen Schwestern drapiert ist, die vor lauter Sonne Sommersprossen und braune Bäckchen haben. Die Markgräfler Winzer nennen das Aussuchen und Abschneiden von besonders schönen und makellosen Trauben „Henkeli iischnide". Wie könnte man auch einen gutgewachsenen „Trübel" besser charakterisieren als mit dem alemannischen Wort „Henkeli"?

Die Früchte des bäuerlichen Fleißes sind die Grundlage der südbadischen Küche.

Vorreiter des flächendeckenden umweltfreundlichen Weinbaus: Zum Beispiel die Auggener Winzer

Herbstzeit – Reifezeit

Der kleine Marienkäfer krabbelt schon lange auf den Etiketten des Laufener Winzers Wendelin Brugger und weist darauf hin, daß der Inhalt der Flasche auf ökologisch gesunde Weise zustandegekommen ist. Umweltfreundlicher Weinbau, das heißt, Weinbau ohne den Einsatz von chemischen Spritzmitteln wird von einzelnen Winzern im Markgräflerland und am Kaiserstuhl schon seit mehr als zwei Jahrzehnten praktiziert, ohne daß sich die große Masse der Verbraucher davon hat beeindrucken lassen. Mit dem vom Land Baden-Württemberg geförderten „Pilotprojekt Umweltschonender Weinbau" wurde die Idee der Weinproduktion ohne „Gift" nun auf eine breitere Grundlage gestellt. Seit 1990 läuft die Aktion schon und ist längst über das reine Versuchsstadium hinaus. Einbezogen waren die Gemarkungen von Auggen, Müllheim, Kirchhofen, Norsingen, Scherzingen, Pfaffenweiler, Schallstadt-Wolfenweiler und Munzingen. Daß man auf höchster Verwaltungsebene Geld für die Maßnahmen locker gemacht hat, lag an den hohen Werten von Nitrat im Trinkwasser, das aus den düngeintensiven Rebkulturen stammte.

„Wenn schon, dann richtig", lautete das Motto der Auggener Winzer, die über die verordneten 35 Hektar hinaus freiwillig ihre ganze Gemarkungsfläche mit den neuen Methoden bewirtschafteten. Als das Landwirtschaftsministerium des Bundes 1990 zum ersten Mal den Förderpreis „Integrierter Pflanzenschutz" verlieh, waren sie die Preisträger für die erfolgreiche Anwendung von umweltschonenden Bewirtschaftungsmethoden. Dazu gehören ständige Bodenuntersuchungen, um den genauen Nährstoffbedarf zu ermitteln, Dauerbegrünung im Weinberg, biochemische Verfahren, um den Traubenwickler zu bekämpfen, Warngeräte, um gezielte Bekämpfung der Pilzkrankheit Peronospora zu ermöglichen und schließlich spezielle Pflanzenschutzgeräte, die die verwendete Menge an Pflanzenschutzmitteln auf ein Minimum reduzieren.

Der Spaziergänger sieht zunächst einen einheitlich grünen, geschlossenen Grasteppich unter den Rebstöcken, wo sich früher häßlich gelbe Streifen von herbizidgeschädigten Halmen durchzogen. Das entsprechende Mähgerät, „Unterstockmulcher" genannt, wurde von einem Auggener Tüftler namens Siegwald entwickelt. Es schont die Stämme der Weinstöcke, mäht aber drumherum sauber alles ab. Die beiden mit einer Feder versehenen Mähteller werden vom Stamm des Weinstocks zur Seite gedrückt und federn in ihre Ausgangslage zurück, sobald das Gerät weiterbewegt wird. Dadurch, daß die Grasnarbe nicht aufgerissen wird und die abgemähten Pflanzenteile liegenbleiben, bleibt der Nährstoffhaushalt des Bodens im Gleichgewicht. Ein schöner Nebeneffekt dabei ist, daß die landschaftstypische Weinbergflora sehr viel mehr geschont wird, denn etliche dieser farbenprächtigen Kräuter wie die leuchtendblaue Traubenhiazynthe oder der zarte Doldige Milchstern, der im Frühjahr das Grün wie kostbare Stickerei überzieht, sind Knollen- oder Zwiebelpflanzen, deren unterirdische Teile oft in Mitleidenschaft gezogen wurden,

Für den Wanderer eine Ehrensalve. Ansonsten schießt der Bammert freßgierige Vogelschwärme in die Flucht.

Vom Isteiner Klotz schweift der Blick in die Basler Bucht und über die Höhen des Schweizer Jura.

Schwere Regenwolken ziehen über die Rheinebene.

Herbstnachmittag am Römerberg bei Badenweiler.

Winterstimmung über dem Ölberg bei Ehrenstetten. Im Hintergrund die Burgruine Staufen.

Beim Herbsten erfüllen sich die Hoffnungen der Winzer auf eine gute Ernte.

wenn die Winzer mit der Hacke kamen, um das „Unkraut" zu bekämpfen. Martin Schmidt, der Vorstandsvorsitzende der Auggener Winzergenossenschaft und Leiter des Pilotprojekts in der Gutedelgemeinde, möchte die Vielfalt der Pflanzen unter den Rebstöcken mit der Zeit vergrößern. Denn: viele Pflanzen, viele Insekten, und viele Insekten halten die gefürchteten tierischen Rebschädlinge in Schach.

Die kleinen weißen Plastikampullen, die in regelmäßigen Abständen an den Reben aufgehängt sind, enthalten einen Duftstoff, der die Männchen des Traubenwicklers in Hochzeitsstimmung versetzt. Doch die über dem Weinberg lagernde Duftwolke verhindert, daß die Motten ihre „Angebetete" auch wirklich finden. Keine Hochzeit, kein Nachwuchs – so einfach ist das.

Ein ausgeklügeltes Netz von Daten über Temperatur und Luftfeuchtigkeit ermittelt den Zeitpunkt für die Gefahr von Pilzbefall. Hier helfen nach wie vor nur vorbeugende Spritzungen, bei denen jedoch durch verbesserte Methoden die verwendete Menge von Fungiziden auf weniger als die Hälfte reduziert werden konnte.

Die Maßnahmen dienen vor allem der Gesundheit der Umwelt. Langsam erhöht sich wieder die Zahl der im Weinberg lebenden Pflanzen- und Tierarten. Die Schadstoffeinträge ins Grundwasser reduzieren sich mit der Zeit. Verblüffend die Feststellung der chemischen Landesuntersuchungsanstalt in Freiburg, daß sich Spritzmittelrückstände und dergleichen in der Rebe selbst nicht nachweisen lassen. Das edle Gewächs ist anscheinend immun gegen die Einlagerung von unerwünschten Stoffen aus Boden und Luft in seinem Organismus.

Der Lohn der Arbeit.

Neben der Arbeit ist immer noch Zeit für ein Späßle und ein Glas neuen Süßen.

Immer wieder steigt der Winzer in den Keller, um den Reifeprozeß des Weines nach Farbe, Duft und Geschmack kritisch zu prüfen.

Vom Tuniberg eröffnet sich dieses eindrucksvolle Panorama des Landes am Fuße von Belchen und Blauen.

Faust und Struve – Zwei Gestalten aus der Staufener Stadtgeschichte

„Stouff" nannten unsere Vorfahren einen Kelch in ihrer Sprache, die wir heute mit Althochdeutsch bezeichnen. Der Berg, der wie ein umgestülpter Kelch in der Ebene am Ausgang des Münstertals steht, ist ein Produkt der Absenkung des Rheingrabens. Und durch seine symmetrische, auffällige und strategisch wertvolle Lage bot er sich schon früh als Standort für eine Burg an.

Die Herren von Staufen verdankten ihren Wohlstand der Tatsache, daß sie die Vögte des Klosters St. Trudpert waren und somit Zugriff auf die reichen Silbervorkommen hatten, die am Westhang des Belchenmassivs ausgebeutet wurden. Die Burg wurde im Dreißigjährigen Krieg zerstört, die Familie der Herren von Staufen war schon im Jahr 1602 ausgestorben. Doch der Bergkegel mit den stattlichen Mauerresten gehört untrennbar als Kulisse zur verwinkelten mittelalterlich anmutenden Stadt, in der der begnadete Scharlatan Doktor Faust ein furioses Gastspiel gab, das damit endete, daß ihn der Teufel holte. Im spätgotischen Rathaus von Staufen kann man auf der steinernen Stufe einer Wendeltreppe den Fußabdruck des Leibhaftigen bestaunen, den dieser im Jahr 1539 hinterließ, bevor er den experimentierfreudigen Alchimisten auf Nimmerwiedersehen entführte. Der publikumswirksame Tausendsassa hatte sein Quartier im Gasthaus zum Löwen bezogen und in der jetzigen „Fauststube" manchen Becher geleert.

Der Revolutionär Struve hatte keine rechte Zeit, sich in Staufen einen kühlen Trunk zu gönnen, denn kaum kam er am 24. September 1848 mit seinem Troß im Städtchen an, erscholl der Ruf „Die Soldaten kommen!" Mit im Gefolge war auch Madame Struve, die in einem von der Müllheimer Familie Blankenhorn erpreßten Vierspänner reiste. Das Volk ließ sich von seinem revolutionären Drang nicht so recht anfeuern, die Kämpfe gingen für die demokratischen Aufrührer verlustreich aus und Struve mußte über Schönau und das Wiesental fliehen. Noch ein halbes Jahrhundert nach der badischen Revolution 1848/49 konnte Pfarrer Hagenmeyer aus dem badischen Hugsweier in einem selbstverfaßten und offensichtlich populären Büchlein über die Ereignisse Spott und Häme über die Revolutionäre und ihre Absichten ausgießen. Nach dem Scheitern der Demokratiebewegung schreibt er: „Das Volk im Großen und Ganzen hatte das Revoluzzen von Herzen satt und seufzte gewissermaßen nach strengerer Handhabung der Gesetze ..."

Weithin sichtbar ist die Landmarke des Staufener Schloßbergs mit der Burgruine.

Sulzburg

Ein kleines Stadttor, das den bildhübschen Marktplatz nach Westen hin beschützt, eine tausend Jahre alte, dem heiligen Cyriak gewidmete Kirche mit dicken, wehrhaften Mauern, eine Herde gemütlicher, von Wohlhabenheit zeugender Bürgerhäuser, jedes mit einer viele Generationen langen Geschichte – das Städtchen Sulzburg, das sich so malerisch in das Sulzbachtal mit seinen bis zum Wasserlauf herabgezogenen Wäldern einschmiegt, blickt auf die längste Stadtgeschichte im Markgräflerland zurück. Vor mehr als 700 Jahren ist in Urkunden von einer „cives de Sulzberch" die Rede, damals eine Bergmannsiedlung, deren Bewohner die Silbererzadern des südwestlichen Belchenmassivs ausbeuteten. Ein Bergbaumuseum erzählt die Geschichte von harter Arbeit unter Tage, von den verblüffend wirkungsvollen technischen Methoden, mit denen unsere Vorfahren das Erz aus dem Berg holten und von dem Bestreben und den Intrigen der Mächtigen, deren Wohlstand die Schätze aus der Tiefe mehren halfen. Der Dreißigjährige Krieg hielt die Entwicklung des Bergbaus auf, erst im 18. Jahrhundert erlebte er in der Umgebung von Sulzburg eine kleine Renaissance, die aber mit dem Jahr 1835 endgültig vorüber war.

In einer schmalen Seitengasse steht die 1823 erbaute und 1977 renovierte Synagoge von Sulzburg. Ihr Architekt war ein Schüler des Baumeisters Friedrich Weinbrenner, der in ganz Baden Bauwerke von zeitloser Schönheit und klassischem Ebenmaß errichtet hat. Das Schönste neben der schlichten Architektur des Gebäudes aber ist vielleicht die Gestaltung der Decke im Innern: Auf tiefblauem Grund leuchten unzählige goldene Sterne, als öffne sich ein Fenster in die Ewigkeit. Das Gotteshaus erinnert an die stattliche israelitische Gemeinde, die zeitweise bis zu einem Drittel der Sulzburger Bevölkerung stellte. Bis 1932 saßen jüdische Bürger im Rat der Stadt. Der Terror der Nazis machte dem jahrhundertelangen gut nachbarschaftlichen Zusammenleben der Bevölkerungsgruppen ein grausiges Ende.

Ein Freundeskreis setzt sich seit einigen Jahren für die Aufarbeitung dieser dunkelsten Epoche der Menschheit ein und widmet sich der Erforschung der Geschichte der Sulzburger Juden sowie der Verständigung und Versöhnung zwischen Juden und Christen. Ein Besuch des stillen jüdischen Friedhofs in Sulzburg mag manchem mehr Erkenntnis vermitteln als ein dickes philosophisches Buch.

Die blühenden Gärten der Gräfin Zeppelin in Laufen.

Versteckt im Tal liegt das alte Bergbaustädtchen Sulzburg, heute ein Mekka vieler Feinschmecker.

Ein Platz für Schlösser und Paläste – Heitersheim

Die Heitersheimer wußten schon lange, daß unter dem „Scherbenacker" Reste von Bauten aus der Römerzeit schlummern mußten. Schon im Jahr 1841 sind Ziegelreste entdeckt worden, danach stieß man beim Pflügen immer wieder mal auf Spuren menschlicher Zivilisation, die eindeutig den Römern zugeordnet werden konnten. Ein Foto des Luftarchäologen Otto Braasch aus dem Jahr 1989 machte die Ausmaße der Heitersheimer Anlage nun vollends deutlich. Der im Vergleich zur Umgebung etwas spärlichere Wuchs von Weizen auf dem Feld hinter dem Malteserschloß zeichnete die Grundmauern eines Gebäudes von wahrhaft fürstlichen Ausmaßen nach: Ein Palast hatte hier gestanden, wie es nördlich der Alpen kaum einen größeren gab. Die Länge des Haupttraktes wird von Archäologen auf 120 bis 150 Meter geschätzt. Die Anlage war nach Vermutungen von Wissenschaftlern hangwärts in offener Bauweise gehalten, besaß mehrere hundert Meter lange Wirtschaftstrakte und zweistöckige Säulengänge von imposanten Ausmaßen. Das Luftbild zeigt einen Teil der Anlage, nämlich einen Trakt von etwa 50 mal 60 Metern mit einer interessanten Grundrißgestaltung, die Innenhöfe mit Gärten oder Bädern vermuten läßt. Ein Palast von dieser Pracht – die Archäologen vermuten auch kostbare Mosaiken, Wandmalereien und Stukkaturen in seinem Innern – war nicht mit den Landgütern zu vergleichen, die die Römer „villa rustica" nannten, und von denen es auch im Markgräflerland einige gibt.

Fürstlich war die Lage des Bauplatzes. Von der leichten Anhöhe hatten die Bewohner, die man durchaus in den Reihen der oberen Zehntausend unter den Politfunktionären suchen darf, einen traumhaften Ausblick auf die Rheinebene, den Kaiserstuhl und Tuniberg und die Vogesen. Nach rückwärts erhob sich hinter der welligen Lieblichkeit des fruchtbaren Hügellandes die schwingende Silhouette des Schwarzwaldes. Ein Anblick der sich von uns an der Schwelle zum dritten Jahrtausend noch genießen läßt, wenn auch der prächtige Palast längst unter einem Weizenfeld begraben ist.

Ausgegraben soll nur ein kleiner, aber repräsentativer Teil der Anlage werden, der dann für die Öffentlichkeit zugänglich sein wird.

Besser erhalten ist das Heitersheimer Malteserschloß, das Merian im Jahr 1644 als gewaltige Wasserburg zeichnete. Der Malteser- oder Johanniterorden bestimmte seit 1272, als die Kommende Freiburg den damaligen Dinghof von Gottfried von Staufen erwarb, die Geschichte von Heitersheim. 1428 wurde der Ort zum Sitz des Großpriors von Deutschland bestimmt. Eine glanzvolle Epoche schloß sich an. Die Malteserritter spannen von hier aus die Fäden ihres diplomatischen Einflusses bis nach Ungarn, Polen und Skandinavien. Der Großprior Johann Hegenzer von Wasserstelz schlug im Heitersheimer Schloß 1505 dauerhaft seine Zelte auf. 1548 erhielt der Großprior Georg Schilling von Canstatt die Würde eines Reichsfürsten von Kaiser Karl V. verliehen. Dadurch wurde Heitersheim Fürstentum. Fürst Friedrich, Landgraf von Hessen ließ draußen am Hochgestade zwischen Hartheim und Grißheim das Gut Weinstetten als Sommersitz der Fürsten von Heitersheim erbauen. Der Status des Fürstentums wurde erst im Jahr 1806 aufgehoben, als es im Zeichen der Mediatisierung Baden einverleibt wurde.

Wuchtiges Zeugnis aus den glanzvollen Zeiten der Malteser-Ritter: Das Heitersheimer Schloß.

Die Kirche von St. Ilgen inmitten blühender Obstbäume.

Ballrechten am Fuße des Kastelbergs.

Feine Lebensart im Landstädtchen – Das Markgräfler Wein- und Heimatmuseum in Müllheim

Ein unbekannter Architekt erbaute um 1780 eins der bemerkenswertesten Häuser in Müllheim. Das ehemalige Gasthaus „Zur Krone" gegenüber vom kopfsteingepflasterten Marktplatz ist das Abbild der Wohlhabenheit und Weltoffenheit, die das Landstädtchen im Herzen des Markgräflerlandes schon immer geprägt haben. Als absolut feinste Lebensart galt damals die französische, und deshalb ließ der Bauherr sein neues Haus im Stile eines französischen Adelspalais errichten. Eine klassisch schön proportionierte Fassade mit einem flachen Dreieckgiebel in der Mitte, zwei Seitenflügel in deren Innerem die durch Mitteltüren verbundenen Zimmer wie Perlen an einer Kette aufgefädelt waren, ein Ballsaal von fürstlichen Ausmaßen mit reich verziertem Parkettboden und – als Gipfel des verfeinerten Geschmacks – ein Wintergarten aus Glas und Eisenkonstruktionen nach englischem Vorbild: Man hätte es fast ein kleines Schloß nennen können, was da am Vorabend der französischen Revolution aus den Fundamenten emporwuchs.

Heute ist in dem Gebäude das Markgräfler Wein- und Heimatmuseum untergebracht, in dem der Besucher die Lebensart der Winzer und Handwerker, der Bürger und Bauern bis in die heutige Zeit hinein studieren kann. Eines der prachtvollsten Stücke ist der kunstvoll geschnitzte Schreibtisch des 1843 geborenen Adolph Blankenhorn, Mitglied einer bedeutenden Markgräfler Familie, der Gründer des ersten weinkundlichen Forschungsinstituts.

In seinem Vortrag zur Wiedereröffnung des renovierten und erweiterten Museums bemerkte Hans Jakob Wörner, daß das neue Konzept ein „wohlgerundetes Ganzes" darstelle. Es sei „über den Begriff des Heimatmuseums, in dem oft ausgestopfte Tiere, verrostete Sensen und eine Gipsbüste des Eisernen Kanzlers in staubiger Eintracht leben, weit hinausgewachsen zu einer kulturellen Institution ersten Ranges". Man sollte sich Zeit nehmen, wenn man durch die Zimmersuiten schlendert und die kultivierte Lebensart der wohlhabenden Markgräfler Vorfahren auf sich wirken läßt.

Das goldene Licht eines späten Herbsttages liegt über dem Landstädtchen Müllheim.

Das ehemalige Gasthaus „Krone“ in Müllheim beherbergt heute das Markgräfler Wein- und Heimatmuseum.

Im historischen „Lindenhof" ist die Müllheimer Winzergenossenschaft untergebracht.

Auf dem Blauengipfel liegt der erste Anflug von Schnee, während das Dörfchen Feldberg die letzten warmen Sonnenstrahlen einfängt.

Mit lodernden Farben verabschieden sich die Kirschbäume in den Winter.

Zähringerstadt Neuenburg

Der Grundriß ist immer noch der einer typischen Zähringerstadt. Ein die gesamte Struktur beherrschendes Straßenkreuz entlang dem die Häuser so aufgereiht sind, daß die Traufseite zur Straße weist. Das weitläufige Industrie- und Gewerbegebiet und die Siedlung unterhalb des Hochgestades wuchsen Neuenburg erst nach dem Zweiten Weltkrieg zu. Alte Häuser finden sich so gut wie nicht mehr in der 1175 gegründeten Stadt. Denn wie kaum eine andere in der weiteren Umgebung wurde sie durch Krieg und Zerstörung gebeutelt, mehrmals restlos dem Erdboden gleichgemacht. Ein stolzes Münster bewies einst die Wohlhabenheit und die Bedeutung Neuenburgs, allein 15 Seitenaltäre soll es gehabt haben. Der Rhein rauschte unmittelbar am Fuß des Hochgestades vorbei und bei einem heftigen Hochwasser im Jahr 1525 untergrub er es, so daß der größte Teil des mächtigen Gotteshauses mit der rutschenden Böschung in die Tiefe gerissen wurde. Aus dem „Wuhrloch", einem kleinen See zwischen Stadt und Autobahn, dem einzigen Relikt aus den Zeiten vor der Rheinbegradigung, soll man in besonderen Nächten den Klang der Münsterglocken hören können, erzählt die Sage. Der 1546 geborene Straßburger Satiriker und Publizist Johann Fischart läßt im Epos vom „Glückhafften Schiff" seine Ruderer mit ihrem Hirsebreitopf an Neuenburg vorbeifahren mit den Worten: „Trangen demnach auf Newenburg

Ein stättlein so bedarf groß sorg
Dieweil der Rhein mit seinem Lauff
Tringt also stark und heftig drauff
Und laßt sein macht so streng da schawen
Das man in nicht gnuog kan verbawen,
Hat er der weil auch mit sein güssen
Der Stat ein gut stück hingerissen
Welchs die Gesellschaft thaet betrauren
Und baten den Rein um bedauren ..."

Die Einwohner Neuenburgs wurden im Lauf der Stadtgeschichte mehrmals stark dezimiert, erst war es ein Konflikt im staufischen Herrscherhaus, in dessen Gefolge die Stadt am Rhein verwüstet wurde, dann der Dreißigjährige Krieg. 1648 waren von ehemals 4000 Einwohnern noch 76 übrig. Im Holländischen Krieg wurde die Stadt 1675 nochmals zerstört. Als Neuenburg 1704 im Spanischen Erbfolgekrieg wieder dem Erdboden gleichgemacht wurde, gingen seine Bewohner ins Exil. Ganze 46 trauten sich, nach dem Frieden von Rastatt wieder zurückzukommen. Eine alte Quelle berichtet von „Distel und Dörner auf ihren Hausplätzen" und davon, daß „Streit und Verfolgungen für ihre Rechte" auf sie warteten. Die strategisch wichtige Lage an der 1875 erbauten Eisenbahnbrücke über den Rhein wurde der Stadt 1940 zum Verhängnis. Sie wurde von feindlichen Geschützen in Schutt und Asche gelegt.

So wundert es nicht, wenn die Stadt keine alte Bausubstanz aufzuweisen hat. Doch die moderne Stadtplanung hat aus Neuenburg mit seinen quirligen Geschäftsstraßen und angenehmen Fußgängerzonen einen lebenswerten Ort gemacht, der von seiner exponierten Lage an einer der europäischen Hauptverkehrsachsen profitiert.

Bürgeln

Der Ritter Werner von Kaltenbach brachte, als er als Mönch um 1120 ins Kloster St. Blasien eintrat, ein wahrhaft fürstliches Geschenk mit, nämlich sein Schloß Bürgeln, das auf einem Hang des Blauenmassivs hoch über dem Eggenertal thront. Es entstand ein neues Kloster weit oben im dunklen Tannenwald, von dem aus man den gleichen königlichen Ausblick wie heute hatte, ins Land zwischen Schwarzwald, Vogesen und Jura. Doch so hübsch und freundlich, wie sich der Bau heute den Besuchern präsentiert, mag er damals nicht ausgesehen haben. Das erste Mal brannte er an Weihnachten 1267 ab, auch der Bauernkrieg und der Dreißigjährige Krieg hinterließen ihre Spuren an der Klosteranlage. Fürstabt Meinrad Troger machte dem Anflicken und Ausbessern im Jahr 1762 ein Ende indem er einen Neubau errichten ließ, der im Wesentlichen der heutigen Anlage glich. Doch auch am Rokokoschlößchen nagte der Zahn der Zeit, am Anfang unseres Jahrhunderts war es recht verwahrlost und eine Renovierung fast unbezahlbar. Es ist vor allem ein Verdienst des Bürgelnbundes, daß das entzückende Bauwerk heute so strahlend und stilgerecht renoviert dasteht.

„Bürgeln ist Musik gewordene Schwingung, sublimes Echo auf die Landschaftsschwingung des Markgräflerlandes . . .” schreibt Leopold Börsig. Wer kommt angesichts dieses perfekten Ensembles von Rokokoarchitektur, Gartenanlagen und umgebender Landschaft nicht ins Schwärmen? Die schlichte, klare Gliederung der Fassade wird gekrönt von einem dreieckigen Giebel, auf dem kleinen Dachreiter funkelt als Wetterfahne ein goldener Hirsch, das Wappen von St. Blasien. Elegante Stuckarbeiten finden sich nicht nur um die prächtige Uhr am Giebel, sondern auch im Innern des Schlosses. Eine breite Eichenholztreppe führt hinauf in die Beletage mit dem „Bildersaal” als Zentrum. Hier blicken ganze Reihen von edlen Herren und Damen auf das Publikum, das sich in diesem Raum oft zu Kammerkonzerten einfindet. Das Schliengener Weingut Blankenhorn hat 1990 einen Sekt kreiert, der den klangvollen Namen „Schloß Bürgeln brut” trägt. Natürlich wurde der edle Tropfen auch am Ort seiner Namensgebung vorgestellt.

Weit ins Land blickt das Schloß Bürgeln vom Südwesthang des Hochblauen.

Hinauf zum Rokoko-Schloß führt eine prächtige Treppe.

Eines der schönsten Rathäuser im Markgräflerland ist das Wasserschloß Entenstein in Schliengen.

Alte Traubenpressen, Trotten genannt, erinnern an die Arbeitsweise der Winzer früherer Generationen.

Kandern, die Stadt der Töpfer

Zuerst fällt der hohe, aus Tonziegeln gemauerte Schornstein auf, wenn man Kandern vom Ortsteil Sitzenkirch her ansteuert. Kanderner Ton wird hier gebrannt in der Ziegelfabrik, deren ganze Anlage eine Art überdimensionaler Reklame für das in ihnen hergestellte Produkt darstellt. Fassaden und Giebel aus Fachwerk, das mit Ziegelmauerwerk ausgefüllt ist, große Dachflächen mit rotbraunen Tonziegeln – das ganze Gebäudeensemble macht in seiner Zusammenstellung eher den Eindruck eines Freilichttheaters als den einer ganz normalen Fabrik. Tonziegel aus Kandern – die Bauherren in der nahen und weiteren Umgebung leisten sie sich, um ihrem Haus mit einem edlen und haltbaren Dach in landschaftstypischen Braun- und Rottönen das Tüpfelchen aufs „i" zu setzen.

Seitdem Max Laeuger und Richard Bampi um die Jahrhundertwende Kunstwerke aus Keramik schufen, ist Kandern als „Töpferstadt" weit bekannt. Das jüngste Mitglied in der Gilde der Kanderner Töpfer ist die Keramikmeisterin Andrea Leutz. Wenn die gebürtige Ungarin an der Töpferscheibe Vasen, Geschirr, Schalen und Becher dreht, können die Besucher direkt in ihrem Laden den Entstehungsprozeß in allen Phasen hautnah miterleben. In der über 100 Quadratmeter großen Schautöpferwerkstatt im ehrwürdigen Gemäuer eines Kanderner Bürgerhauses ist immer Platz, Zeit und Atmosphäre für ein Schwätzchen auch zwischen Menschen, die sich vorher noch nie gesehen haben.

Das Kanderner Heimat- und Keramikmuseum informiert über die Geschichte des Städtchens und die prägende Rolle, die der gebrannte Ton für seine Bewohner gespielt hat und noch spielt. Bezeichnend ist, daß die Kanderner sich als Partnerstadt das elsässische Soufflenheim ausgesucht haben, das durch seine Keramikwaren ebenfalls weltberühmt ist.

Im Heimatmuseum bewahrt man eine Replik der „Güldenen Sau von Kandern auf", ein silbervergoldetes Trinkgefäß in Form eines Keilers, das ein Fassungsvermögen von eindreiviertel Litern hat. Die „güldene Sau" ist ein Geschenk des Markgrafen Georg Friedrich an die Stadt Kandern, der das originelle Stück 1605 bei einem Augsburger Silberschmied anfertigen ließ aus lauter Freude über einen erfolgreichen Jagdausflug durch die ausgedehnten Wälder um Kandern. Wer sich ins Gästebuch der Stadt eintragen wollte, mußte damals erst den mit Wein gefüllten Schwarzkittel leertrinken, bevor er Pegasus sattelte. Viele dieser historischen Einträge zeigen deshalb eindeutig die Handschrift von Bacchus. Das Original des vergoldeten Keilers steht im Badischen Landesmuseum in Karlsruhe.

Kandern, die Töpferstadt im lieblichen Kandertal.

Andrea Leutz ist das jüngste Mitglied der Kanderner Keramikgilde.

Stadt der Kontraste – Weil am Rhein

Die Lage im Dreiländereck hat schon immer einen prägenden Einfluß auf die Stadt Weil gehabt. Waren es früher die reichen Kaufleute aus Basel, die am Fuß des Tüllinger Bergs ihre Landsitze errichteten, um sich in der Sommerfrische, umgeben von Reben und Obstgärten vom Geldverdienen zu erholen, so ist es heute die verkehrsgünstige Lage an der wichtigsten Nord-Süd-Achse durch Europa, die der Stadt ihr besonderes Flair gibt. Vier Straßen-Grenzübergänge zur Schweiz, dazu die unmittelbare Nachbarschaft von Basel machen den Ort zu einem Unikum in der Regio. Das riesige Gelände des kaum noch benutzten Rangierbahnhofs zeugt noch von der großen Vergangenheit Weils als Eisenbahnerstadt. Und die letzten Reste von alter Industriearchitektur in Friedlingen erinnern an die Zeiten der Textilarbeiter, die in den Fabriken von Schetty und Schwarzenbach ihren Lebensunterhalt verdienten. Heute ist Friedlingen der sich am rasantesten entwicklende Teil der Stadt am Rhein. Aus Glas und Stahl türmt sich die moderne, nicht immer schöne Architektur, Unternehmen, Betriebe, denen an der Grenznähe gelegen ist, siedeln sich an. Auf dem südwestlichsten Grundstück Deutschlands steht, von der Herzlosigkeit modernen Bauens fast verdeckt, ein Gebäude, das den Anspruch „modern" zu sein, zu Recht erheben kann: Das in den 20er Jahren im reinsten Bauhaus-Stil errichtete „Glashaus", dessen Anblick sich am besten von der Landzunge des auf der Schweizer Seite in den Rhein ragenden Dreiländerecks genießen läßt.

Einmalig in der Regio ist sicher auch die Anlage der Stadt entlang einer einzigen Straße, breit wie ein Boulevard. Hier reihen sich die Geschäfte, Kneipen und Banken, etwa zwei Kilometer von der Leopoldshöhe bis nach Alt-Weil. Eine Straße zum Flanieren und Gucken, auch sonntags sind hier nicht die Bürgersteige hochgeklappt wie in vielen anderen Landstädten.

Beschaulich geht es dagegen zu in Ötlingen, dem „Dorf am Himmel", in Märkt, dem alten Fischernest, dessen Ruhe allerdings durch den Lastwagenverkehr der nahen Kiesgrube beeinträchtigt wird, oder im alten Ortskern Weil-Ost, wo neben der 200 Jahre alten Kirche ein prächtiger Gutshof von einem Pfarrhaus steht, einst der Wohnort von Hebels Freundin Gustave Fecht. Ihr verdankt die Nachwelt einen der rührendsten und sensibelsten Briefwechsel, die je im Nachlaß eines Dichters gefunden wurden.

Das „Dorf am Himmel": Ötlingen auf dem Tüllinger Berg.

Architektur als Grafik: Das Design-Museum in Weil.

Unter der Friedensbrücke breiten sich die Gleisanlagen der Eisenbahnerstadt Weil aus.

Winterlicher Bahnhofsvorplatz in Lörrach.

Umtriebig und expandierend – Lörrach und das untere Wiesental

Vom Bergfried der Burgruine Rötteln flattert im Sommer lustig die gelbrotgelbe Badener-Fahne. Von der luftigen Höhe hat man auch den umfassendsten Blick ins ganze untere Wiesental. Er ist eindrucksvoll und beklemmend zugleich. Breite schnelle Straßen, Bündel von Hochspannungsleitungen, Häuser, Fabriken, Gewerbeparks so weit das Auge reicht – hier begann die industrielle Entwicklung schon vor mehr als 200 Jahren. Hinter der kleinen Rötteler Kirche hat sich die Autobahn nach Rheinfelden in den Berg gefräst, Lärmschutzwände und Unterführungen leiten den Spaziergänger in enger Bahn, bis er im Wald von Rötteln wieder die Weite der Landschaft zu spüren bekommt. Die Textilindustrie im unteren Wiesental konfrontierte die Bewohner schon mit den Problemen der Arbeiter, als im übrigen Markgräflerland noch die Uhren behäbig im Gang der Jahreszeiten tickten, die das Leben der Bauern seit Menschengedenken bestimmten. Die Impulse für die Entwicklung des Lörracher Raums gingen von der Schweiz aus, seit dem 17. Jahrhundert das kapitalreichste Land in Europa. Auf die Hausindustrie, bei der die Schweizer „Verleger" die Ware nach ihrer Fertigstellung abholten, folgte der Bau von Fabriken. Schon in der Mitte des 18. Jahrhunderts gab es in Lörrach eine Pulvermühle, eine „Bändlefabrik", eine Seifen- und eine Tabakfabrik. Die wichtigste Textilfabrik des Raums ist im frühen 19. Jahrhundert die Firma Merian & Koechlin. Nach der Gründung im Jahr 1808 wurden die Fabrikherren für die nächsten 20 Jahre von der Gewerbesteuer befreit. Damit setzte der badische Großherzog ein Zeichen für die künftig angestrebte Entwicklung des Lörracher Raums. In den Sälen der Spinnereien und Webereien arbeiteten die Menschen von früh bis spät. 1850 schreibt ein anonymer Arbeiter an den Großherzog, er solle doch „eine Verordnung erlaßen daß in den Fabariken nicht länger als 12-13 Stund pro Tag gearbeittet werden dürfte anstatt wie jetzt immer von Morgens 5 bis Abends 8 Uhr gearbeitet wird ..." Ganz allmählich besserten sich die Verhältnisse. Unvorstellbar jedoch, daß auch Kinder schon um fünf Uhr früh in der Fabrik standen. Der „Stundenplan" eines elfjährigen Arbeiterkindes im 19. Jahrhundert liest sich nach Fritz Schülin folgendermaßen: 5 bis 7 Uhr Fabrikarbeit, 7 bis 7.30 Uhr Frühstück und Bewegung im Freien, 7.30 bis 10 Uhr Schulunterricht, 10 bis 12 Uhr Fabrikarbeit, 12 bis 13 Uhr Mittagspause, 13 bis 16 Uhr Fabrikarbeit, 16 bis 16.30 Uhr Abendbrot, 16.30 bis 18 Uhr Fabrikunterricht ... Erst im Jahr 1870 wurde festgelegt, daß Kinder unter zwölf Jahren nicht in Gewerbebetrieben arbeiten durften und Schulpflichtige über zwölf nicht mehr als sechs Stunden pro Tag.

Aus der umtriebigen Industrieregion, deren frühe Entwicklung mit einem hohen Tribut an Kraft und Gesundheit der einfachen Arbeiter erkauft wurde, ist nun in unserem Jahrhundert ein begehrter Standort für feinere Gewerbebetriebe geworden. Während sich die Schwerindustrie entlang des Hochrheins ansiedelte, wurde das untere Wiesental mit der Kreisstadt Lörrach zum wirtschaftlich florierenden Oberzentrum. Die gepflegten Plätze und Parks der Stadt laden ebenso zum Verweilen ein wie die Fußgängerzone zum gemütlichen Bummel.

Weithin sichtbar flattert die Badenerfahne auf dem Bergfried der Rötteler Burg.

Ein seltener Anblick im Markgräflerland: Das tiefverschneite Lörrach.

Das Wasserschloß von Inzlingen: In seinen Mauern befindet sich heute das Rathaus und ein Feinschmecker-Lokal.

Schopfheim, die alte Markgrafenstadt im unteren Wiesental.

Schon seit hundert Jahren eine Industrielandschaft: Das untere Wiesental.

Im Eggener Tal stehen zehntausend Kirschbäume. Das Chriesi-Wässerle ist hier bekannt und geschätzt.

Alpensicht vom Belchen.

Winterstimmung auf dem Blauen. Blick nach Südosten.

Die ersten Strahlen der Wintersonne tasten sich über den Horizont.

Statt eines Literaturverzeichnisses

Ergiebigster Fundort für die Geschichte und Kultur des Markgräflerlandes ist die Halbjahresschrift „Das Markgräflerland", die von der Arbeitsgemeinschaft Markgräflerland für Geschichte und Landeskunde herausgegeben wird. Die systematischen Registerbände machen das Auffinden von Themen, Stichworten, Orts- und Personennamen auch für wissenschaftliche Laien einfach und übersichtlich.

Die Deutsche Bibliothek – CIP-Einheitsaufnahme

Markgräflerland
Erich Spiegelhalter (Fotos)
Dorothee Philipp (Text)
Freiburg i. Br.: Kehrer, 1992
ISBN 3-923937-91-1
NE: Spiegelhalter, Erich; Philipp, Dorothee

Fotos: Erich Spiegelhalter
Text: Dorothee Philipp
Satz: Kehrer Fotosatz KG, Freiburg i. Br.
Lithos: Fotolitho Stampfer, Bozen
Druck: Kehrer Offset KG, Freiburg i. Br.
ISBN 3-923937-91-1